9급/7급 공무원 시험대비 **최신판** 동영상강의 www.pmg.co.kr

박문각 공무원
입문서

브랜드만족
1위
박문각

2024

시작!
최욱진
행정학

PMG 박문각

이 책의 머리말

나의 소중한 시간을 아껴주는 강의,
최욱진 행정학

안녕하세요. 공무원 행정학을 전하고 있는 최욱진입니다. 세상 모든 일에는 '목적'이 있습니다. 예를 들어, 인생의 목적은 행복이고, 행정의 목적은 공익이지요. 그렇다면 여러분의 목적은 무엇인가요? 단언컨대, 저는 단기합격(약 1년 내 합격)이라고 생각합니다. 세상에 어떤 수험생도 장기간에 걸친 수험생활은 원치 않을 겁니다. 아래의 내용은 행정학에 대한 여러분의 질문사항입니다. 이를 바탕으로 행정학 공부법을 같이 고민해 봅시다.

1. 행정학은 암기과목인가요?

공무원 시험과목은 국어, 영어, 한국사, 행정학, 행정법으로 구성됩니다. 이 중에서 국어와 영어는 언어과목이며, 한국사, 행정학, 행정법은 각 분야에 대한 암기과목입니다. 언어과목의 공통점은 독해의 비중이 크다는 것입니다. 따라서 읽는 법을 알고 있으면 어느 정도의 점수를 확보할 수 있지요. 그러나 암기과목은 그렇지 않습니다. 지식을 외우고 있지 않으면 점수를 획득할 수 없는 특징을 지니고 있습니다.

2. 시험에서 한국사, 그리고 행정법과의 차이점은 무엇인가요?

행정학은 암기과목이라는 점에서 한국사 및 행정법과 공통점을 가지고 있지만, '패러프레이징' 측면에서 중요한 차이점이 있습니다. 패러프레이징이란, 뜻이 바뀌지 않는 선에서 앞에서 쓴 말을 다른 단어 및 문장 등을 사용하여 표현하는 것을 말합니다. 예를 들어, '최욱진은 헬스를 좋아해'와 '최욱진은 웨이트트레이닝을 좋아해'는 같은 의미를 지닌 다른 문장이지요. 행정학은 한국사 및 행정법에 비해 새로운 문장의 활용도가 높은 편입니다.

※ 한국사·행정법·행정학의 공통점 및 상대적인 차이점

구분	암기과목	패러프레이징
한국사	○	×
행정법	○	×
행정학	○	○

3. 행정학은 분량이 많습니다. 무엇을, 어느 정도까지 외워야 할까요?

행정학은 정부에 대한 지식을 총정리한 과목입니다. 구체적으로 말씀드리자면 수험 행정학은 행정학과에서 4년 간 배우는 내용과 행정법 각론 일부를 다루고 있습니다. 게다가 시험에서 패러프레이징을 활용하니 참 공부하기 까다로운 과목입니다. 아래의 내용은 행정학을 공부할 때 유의할 사항이니 참고하시길 바랍니다.

1) 기출빈도가 높은 개념을 이해하고, 암기하세요.

행정학 시험은 개념에 대한 다양한 내용을 다루고 있습니다. 개념의 정의, 등장배경, 특징, 장점 및 단점 등이 그것입니다. 우리는 인지능력의 한계로 인해 이러한 모든 내용을 외울 수 없고, 그럴 필요도 없습니다. 철저하게 '기출빈도가 높은 개념'을 이해하고 암기하는 것을 목표로 해야 합니다. 그리고 회독수를 증가시키는 과정에서 부수적인 영역을 공부하면 되는 겁니다.

2) 이해는 천천히 '다가오는 것'이다!

행정학 시험은 패러프레이징을 사용하기 때문에 중요 개념에 대한 이해가 필요합니다. 이해는 천천히 다가오는 속성을 갖고 있습니다. 그러니 먼저 특정 개념에 익숙해지세요. 익숙함의 반복은 곧 이해가 됩니다. 수험가에서 흔히 회독을 많이 해야 한다는 것도 이러한 이유 때문입니다.

4. 입문서 활용법에 대하여

행정학 입문 강좌명은 '행정학 개념 익힘'입니다. 행정학 총론부터 지방자치까지 주요 개념에 대한 '감(感)'을 키우면서 숙지하는 것입니다. 따라서 교재에 수록된 틀잡기 및 개념을 위주로 이해하고 암기하시길 바랍니다.

힘든 수험생활이지만 최욱진 행정학과 함께 타박타박 한 걸음씩 나아간다면 방대하고 막연한 행정학이 손에 잡힐 거라 확신합니다. 부디 최욱진 행정학 입문서가 시험장에서 여러분의 든든한 동료가 되기를, 여러분에게 방대하고 낯선 행정학을 극복할 수 있는 유용한 도구가 되기를 진심으로 소망합니다. 감사합니다.

2023. 4.

편저자 최욱진

구성과 특징

1

추상적인 내용을 정리한
'구조도'

낯선 이론도 쉽게 이해할 수 있도록
이론마다 다양한 구조도, 즉 '틀잡기'를
구성하여 효율적인 학습이 가능하도록
하였다.

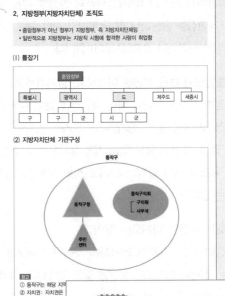

2

실력을 다질 수 있는 두문자 및
용어정리, 예시 정리

풍부한 학습을 위한 여러 장치를 마련
하였는데 우선 배운 내용을 쉽게 암기
할 수 있도록 두문자를 활용하였다.
그리고 제시된 이론과 관련하여 알아
두어야 할 부분에는 용어정리를
넣어두었으며, 예시가 필요한 부분은
'예'로 표시하여 이해하는 데 도움이
될 수 있도록 하였다.

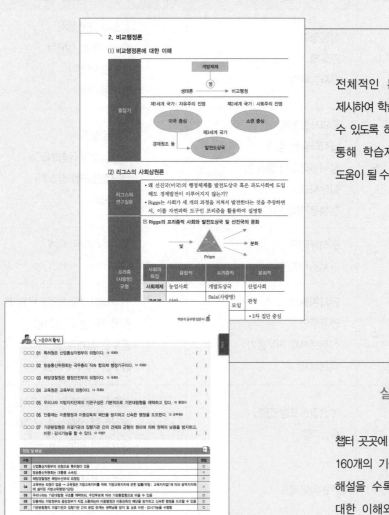

직관적인 그림과 표

전체적인 본문의 구성을 표로 제시하여 학습내용을 한눈에 파악할 수 있도록 하였으며, 다양한 그림을 통해 학습자의 직접적인 이해에 도움이 될 수 있도록 하였다.

실전 시험 대비를 위한
기출 OX 160제

챕터 곳곳에 실력을 점검할 수 있는 160개의 기출 OX 문제와 상세한 해설을 수록하였다. 이는 개념에 대한 이해와 출제포인트 파악에 도움을 줄 것이다.

출제 경향

♪ 2022-2023 국가직 9급

출제 영역	2023 국가직		2022 국가직	
	문항수	출제 내용	문항수	출제 내용
총론	3	신행정학 관료제 전자정부법	4	윌슨의 규제정치 행정이론 순서배치 정부관 변천사 전자정부법
정책학	5	무의사결정론 내적타당성 정의 정책결정모형(엘리슨) 집단사고 정책평가(실험)	4	정책유형론 정책집행가 유형(N&S) 정책집행모형(립스키) 회사모형
조직론	2	조직유형론 거시조직이론	2	동기부여이론 체계 MBO
인사행정	4	인사위원회 연공주의 직위분류제(직무평가) 직위해제	4	인사행정제도(직업공무원제) 직위분류제 구성 개념 공무원 징계유형 공무원 정치적 중립
재무행정	2	예산결정모형(점증) 통합재정	3	성립시기에 따른 예산구분 예산집행 신축성 확보 장치 중앙정부 재무제표 구성
지방자치론	1	주민참여제도	2	특별지방자치단체 지방교부세
행정환류	1	행정책임 유형(롬젝)	–	–
기타 제도 및 법령	2	재정사업 성과관리 이해충돌방지법	1	정부업무평가기본법

♪ 2021-2022 지방직 9급

출제 영역	2022 지방직		2021 지방직	
	문항수	출제 내용	문항수	출제 내용
총론	6	실체설 및 과정설 거버넌스 티부가설 관료제 경쟁가치모형 탈관료제: 위원회	4	정치행정일원론 신공공관리론 인간관계론 신제도주의
정책학	4	정책집행모형 정책변동모형 살라몬 정책수단 메이 의제설정모형	3	정책집행모형 정책결정모형 내적타당성 저해요인
조직론	2	욕구충족요인이원론 서번트 리더십	2	변혁적 리더십 균형성과표
인사행정	4	공무원 연금 공무원 보수유형 공직자윤리법 유연근무제	3	공무원의 유형(2) 인사행정제도
재무행정	3	정부회계 예비타당성 조사 일반특별회계, 기금	2	품목별예산제도 특별회계와 기금
지방자치론	1	지방세 종류	4	국고보조금 지방분권의 특징 지방자치단체 예비비 기관구성형태
행정환류	–	–	2	4차 산업혁명 행정책임통제 유형
기타 제도 및 법령	–	–	–	–

CONTENTS
이 책의 차례

시작!
최욱진
행정학

Intro

행정학 시작하기

✓ **여러분이 취직하는 회사는 어디인가요?** → 행정부
✓ **행정학:** 행정부의 모든 것에 대한 학문
✓ 행정학은 필기시험 및 면접시험에서 중요함

나는 어디로 취업하나?

1 국가의 구조

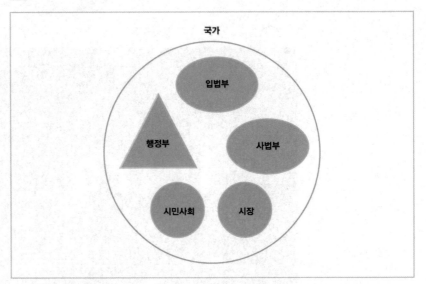

1. 그림설명

(1) **입법부**: 법률을 제정하는 역할

(2) **행정부**: 법을 집행하는 역할

(3) **사법부**: 소송이 제기되었을 때 법을 해석한 후 분쟁을 해결하는 역할

2. 행정부 역할 예시

> • 운전면허증 발급: 경찰청은 도로교통법에 근거해서 운전면허증 발급 관련 기능을 수
>   행함
> • 감염병 관리: 질병관리청은 감염병 관리에 관한 법에 기초해서 전염병 관리역할을 수
>   행함

참고
• **협의로서 정부**: 행정부
• **광의로서 정부**: 입법부, 행
  정부, 사법부

2 행정부의 구조 : 중앙정부와 지방정부

- 지방정부 : 우리나라의 지방자치단체
- 중앙정부 : 지방자치단체가 아닌 행정부 → 경찰청, 질병관리청, 행정안전부, 인사혁신처 등
- 일반적으로 중앙정부는 국가직 시험에 합격한 사람이 취업함

1. 중앙정부 조직도 : 소속기관을 제외한 중앙정부 체계

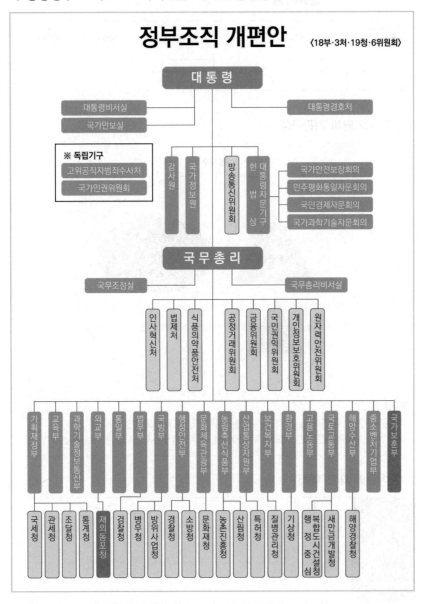

2. 지방정부(지방자치단체) 조직도

- 중앙정부가 아닌 정부가 지방정부, 즉 지방자치단체임
- 일반적으로 지방정부는 지방직 시험에 합격한 사람이 취업함

(1) 틀잡기

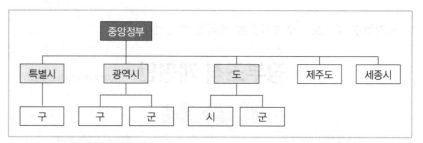

(2) 지방자치단체 기관구성

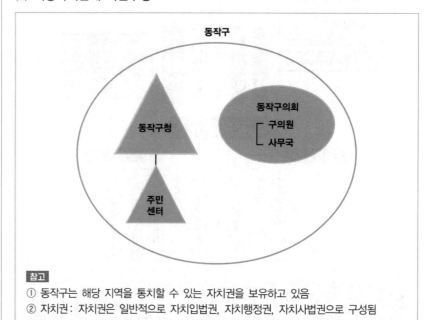

참고

① 동작구는 해당 지역을 통치할 수 있는 자치권을 보유하고 있음
② 자치권: 자치권은 일반적으로 자치입법권, 자치행정권, 자치사법권으로 구성됨

(3) 자치권에 대한 이해

Intro

① 자치권에 대한 용어정리

자치행정권	**자치재정권**	헌법 제59조 조세의 종목과 세율은 법률로 정한다. 지방자치법 제139조【지방채무 및 지방채권의 관리】① 지방자치단체의 장이나 지방자치단체조합은 따로 법률로 정하는 바에 따라 지방채를 발행할 수 있다.
	자치조직권	지방자치법 제125조【행정기구와 공무원】① 지방자치단체는 그 사무를 분장하기 위하여 필요한 행정기구와 지방공무원을 둔다. ② 제1항에 따른 행정기구의 설치와 지방공무원의 정원은 인건비 등 대통령령으로 정하는 기준에 따라 그 지방자치단체의 조례로 정한다.
자치사법권		우리나라의 지방자치단체는 자치사법권이 없음
자치입법권	**조례**	지방자치법 제28조【조례】① 지방자치단체는 법령의 범위에서 그 사무에 관하여 조례를 제정할 수 있다. 다만, 주민의 권리 제한 또는 의무 부과에 관한 사항이나 벌칙을 정할 때에는 법률의 위임이 있어야 한다.
	규칙	지방자치법 제29조【규칙】지방자치단체의 장은 법령 또는 조례의 범위에서 그 권한에 속하는 사무에 관하여 규칙을 제정할 수 있다.

(4) 지방자치단체 기관구성의 종류 : 기관대립형과 기관통합형

- 지방자치단체는 지방의회와 집행부로 구성되어 있음
- 지방의회와 집행기관을 각각 주민직선으로 구성하느냐 아니면 지방의회만 주민직선으로 구성하느냐에 따라 기관대립형과 기관통합형으로 구분할 수 있음

① 틀잡기

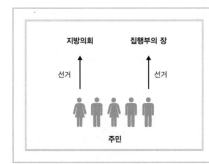
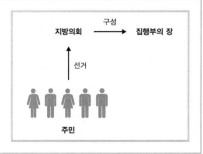

(5) 지방자치단체의 계층구조 : 단층제와 중층제

① 틀잡기

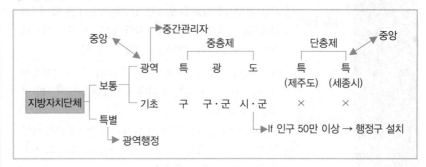

② 개념

중층제	일정한 지역 내에 법인격을 가진 지방자치단체가 계층의 형태(두 개 이상의 지방자치단체)를 이루면서 지방사무를 종합적으로 처리하도록 하는 제도
단층제	일정한 지역 내에 법인격을 가진 지방자치단체가 하나만 존재하여 이로 하여금 지방적 사무를 종합적으로 처리하도록 하는 제도

기출OX 확인

☐☐☐ **01** 특허청은 산업통상자원부의 외청이다. 14 국회9 ( )

☐☐☐ **02** 방송통신위원회는 국무총리 직속 합의제 행정기구이다. 14 국회9 ( )

☐☐☐ **03** 해양경찰청은 행정안전부의 외청이다. 15 국회8 ( )

☐☐☐ **04** 교육청은 교육부의 외청이다. 14 국회9 ( )

☐☐☐ **05** 우리나라 지방자치단체의 기관구성은 기본적으로 기관대립형을 채택하고 있다. 16 행정사 ( )

☐☐☐ **06** 단층제는 이중행정과 이중감독의 폐단을 방지하고 신속한 행정을 도모한다. 13 군무원9 ( )

☐☐☐ **07** 기관분립형은 의결기관과 집행기관 간의 견제와 균형의 원리에 의해 권력의 남용을 방지하고,
비판·감시기능을 할 수 있다. 12 지방7 ( )

정답 및 해설

구분	해설	정답
01	산업통상자원부의 외청으로 특허청이 있음	O
02	방송통신위원회는 대통령 소속임	×
03	해양경찰청은 해양수산부의 외청임	×
04	교육부는 외청이 없음 → 교육청은 지방교육자치를 위해 '지방교육자치에 관한 법률(약칭 : 교육자치법)'에 따라 광역지자체에 설치된 지방교육행정기관임	×
05	우리나라는 기관대립형 구조를 채택하되, 주민투표에 따라 기관통합형으로 바꿀 수 있음	O
06	단층제는 지방정부와 중앙정부가 직접 소통하는바 이중행정과 이중감독의 폐단을 방지하고 신속한 행정을 도모할 수 있음	O
07	기관분립형의 의결기관과 집행기관 간의 분업 관계는 권력남용 방지 및 상호 비판·감시기능을 수행함	O

나는 어떤 공무원이 되는가?

나는 어떤 공무원이 되는가?
1 우리나라 공무원의 종류

참고
실적주의와 직업공무원제도의
적용을 받는 공무원은 경력직
이며, 획일적 적용을 받지 않
는 공무원은 특수경력직에 해
당함

1 우리나라 공무원의 종류

1. 틀잡기

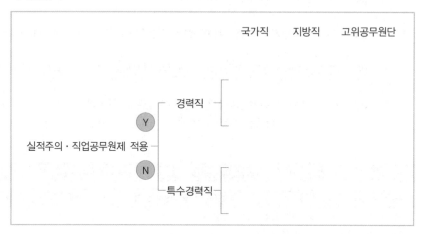

2. 국가직 · 지방직 공무원

구분		내용
국가직 공무원 (국가공무원법에 근거)	임명권자	• 대통령 혹은 중앙행정기관의 장 • 행정기관 소속 5급 이상 공무원 및 고위공무원단에 속하는 공무원은 소속 장관의 제청으로 인사혁신처와 협의를 거쳐 국무총리를 경유하여 대통령이 임용함 • 소속 장관은 6급 이하 소속 공무원에 대하여 일체의 임용권을 가짐 ➡ 대통령은 5급 이상의 임용권의 일부(4 · 5급의 파면 등)를 소속 장관에게 위임할 수 있으며, 소속 장관도 6급 이하의 일부와 대통령으로부터 위임받은 임용권의 일부를 그 보조기관 혹은 소속 기관의 장에게 위임 또는 재위임할 수 있음
	공무원 월급	국비(국세)로 지급
지방직 공무원 (지방공무원법에 근거)	임명권자	지방자치단체장
	공무원 월급	지방비(지방세)로 충당함

3. 경력직·특수경력직 공무원

(1) 경력직 공무원

- 실적주의와 직업공무원제도의 적용을 받는 공무원 → 즉, 실적과 자격에 의해 임용되고 직업공무원제도의 적용을 받아 정년이 보장됨
- 일반직과 특정직 공무원으로 구분됨

① 일반직 공무원

개념	기술·연구 또는 행정 일반에 대한 업무를 담당하는 대다수의 공무원 ➡ 직업공무원의 주류
특징	계급은 1~9급으로 구분 ➡ 단, 고위공무원단은 계급이 없음

② 특정직 공무원

개념		개별법의 적용을 받아 특수 분야의 업무를 담당하는 공무원(예 군무원 인사법)
특징		우리나라 공무원 중 가장 많은 수를 차지하며, 일반직공무원과 다른 별도의 계급체계를 가짐
예시	국가직	법관, 검사, 외무공무원, 경찰공무원, 소방공무원, 교육공무원, 군인, 군무원, 국가정보원의 직원, 경호공무원과 특수 분야의 업무를 담당하는 공무원으로서 다른 법률에서 특정직공무원으로 지정하는 공무원
	지방직	공립 대학 및 전문대학에 근무하는 교육공무원, 교육감 소속의 교육전문직원 및 자치경찰공무원과 그 밖에 특수 분야의 업무를 담당하는 공무원으로서 다른 법률에서 특정직공무원으로 지정하는 공무원

(2) 특수경력직 공무원

- 경력직 공무원을 제외한 나머지의 공무원을 지칭하며, 정무직과 별정직 공무원으로 분류
- 실적주의와 직업공무원제의 적용을 획일적으로 받지 않으며, 계급의 구분이 없음

① 별정직 공무원

개념		비서관·비서 등 보좌업무 등을 수행하거나 특정한 업무 수행을 위하여 법령에서 별정직으로 지정하는 공무원
특징		별정직 공무원의 근무상한연령은 60세임
예시	국가직	국회의원 보좌관 등
	지방직	도지사의 비서 등

② 정무직 공무원

개념		• 선거로 취임하는 공무원 • 임명할 때 국회·지방의회의 동의가 필요한 공무원 • 고도의 정책결정 업무를 담당하거나 이러한 업무를 보조하는 공무원으로서 법령 혹은 조례에서 정무직으로 지정하는 공무원
예시	국가직	• 선거로 취임하는 공무원 : 대통령, 국회의원 • 임명에 국회의 동의가 필요한 공무원 : 국무총리, 감사원장, 헌법재판소장 등 • 법령에서 정무직으로 지정하는 공무원 　ー 감사원 : 감사위원, 감사원 사무총장 　ー 행정부 : 장·차관 등
	지방직	자치단체의 장, 지방의회의원 등

4. 고위공무원단

(1) 틀잡기

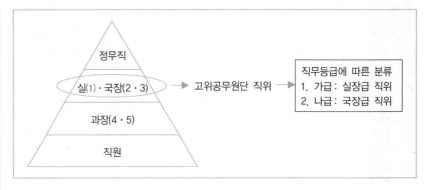

(2) 고위공무원단 요점 정리

구분		고위공무원단(국가직)	고위공무원단 기타 내용
경력직	일반직	○	• 고공단에는 광역지자체 행정부단체장 및 부교육감이 포함됨
	특정직	○ (외무공무원)	
특수경력직	정무직	×	
	별정직	○	

참고
• 감사원과 서울특별시는 고공단 제도 적용×
　ー 감사원은 2007년 7월부터 고위감사위원제도를 운영하고 있으며, 서울특별시 행정부시장은 국가직이지만 차관급이므로 정무직에 해당함

기출OX확인

☐☐☐ **01** 국가공무원과 지방공무원의 보수 재원은 모두 국비로 충당한다. 13 서울   (   )

☐☐☐ **02** 특수경력직 공무원은 특정직 공무원과 정무직 공무원으로 구성된다. 16 국회9   (   )

☐☐☐ **03** 특수경력직 공무원은 경력직 공무원과는 달리 실적주의와 직업공무원제의 획일적 적용을 받지 않는다.
18 국회8   (   )

☐☐☐ **04** 고위공무원단에 소속된 공무원은 계급이 없는 대신 담당직무의 등급에 따라 그 지위가 결정된다.
16 행정사   (   )

☐☐☐ **05** 고위공무원단제도는 계급 중심의 인사관리를 특징으로 한다. 21 지방9   (   )

☐☐☐ **06** 경력직 공무원은 실적과 자격에 의해 임용되고 신분이 보장된다. 21 지방9   (   )

정답 및 해설

구분	해설	정답
01	지방직 공무원의 월급은 '지방비(지방세)'로 충당함	✕
02	특수경력직 공무원은 별정직 공무원과 정무직 공무원으로 구성됨	✕
03	특수경력직 공무원은 경력직 공무원과는 달리 실적주의와 직업공무원제의 획일적 적용을 받지 않음 국가공무원법 제2조 【공무원의 구분】 ① 국가공무원(이하 "공무원"이라 한다)은 경력직공무원과 특수경력직공무원으로 구분한다. ② "경력직공무원"이란 실적과 자격에 따라 임용되고 그 신분이 보장되며 평생 동안(근무기간을 정하여 임용하는 공무원의 경우에는 그 기간 동안을 말한다) 공무원으로 근무할 것이 예정되는 공무원을 말하며, 그 종류는 다음 각 호와 같다.	○
04	고위공무원단은 직위분류제를 도입하면서 적용한 제도이므로 담당직무의 등급에 따라 그 지위가 결정됨	○
05	우리나라의 고위공무원단제도는 계급을 폐지하고 직무를 중심으로 인사관리하는 제도임	✕
06	경력직 공무원은 일반적으로 공개경쟁시험을 통해 임용되고, 정년이 보장됨	○

시작!
최욱진
행정학

PART

01

행정학총론

Chapter

01 행정과 행정학

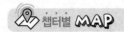
1 행정과 행정학에 대하여

1. 행정과 행정학의 정의

(1) 행정이란?

구분	내용
협의로서 행정 (최협의로서 행정)	공익을 달성하기 위해 정부가 행하는 정책 및 관리활동(돈 · 조직 · 인사관리 등)
광의로서 행정	두 사람 이상이 합리적으로 목적을 달성하기 위해 협업하는 것
최근 행정	거버넌스 : 정부 · 시장 · 시민사회 간 협력체계

(2) 행정학이란?

개념	• 정부가 행하는 정책 및 관리활동에 대한 체계적인 지식 및 이론을 정리한 학문 • 즉, 행정학은 국가관리에 대한 체계적인 지식이나 이론을 정리한 학문(이론과 실제를 연계)임. 아울러 사회에서 발생하는 문제를 해결하기 위해 인접학문을 활용(간학문적 · 학제적)하는 응용학문에 해당함

2. 행정학의 성격 : 과학성과 기술성을 중심으로

구분	내용	해당 개념을 강조한 학자
과학성	현상에 대한 원인을 발견하여 일반법칙을 발견하려는 특성	사이먼, 다알 등
기술성	문제를 해결하려는 특성	왈도, 이스턴 등

3. 행정의 역할 : 공공서비스 제공 등

(1) 공공서비스의 종류

① 사바스(Savas)의 분류

- Savas는 배제성과 경합성이라는 개념을 활용해서 4개의 공공서비스를 구분하고 있음
- 경합성(경쟁성) : 특정한 개인의 소비로 인해 타인의 소비가 감소하는 특성
- 배제성 : 돈을 지불하지 않으면 재화를 사용하지 못하는(배제되는) 특성

구분	비경합성	경합성
비배제성	공공재(집합재·순수공공재) • 무임승차 ➡ 정부공급 가능	공유재 • 공유지 비극 ➡ 정부공급 가능
배제성	요금재(유료재) • 자연독점 ➡ 정부공급 가능	사유재(민간재·사적재) • 가치재 ➡ 정부공급 가능

② 각 서비스 공급에 정부가 개입하는 이유

공공재	• 치안, 국방 등과 같은 서비스를 뜻함 • 비배제성으로 인해 무임승차자(서비스를 공짜로 이용하는 사람) 발생 • 무임승차 문제로 인해 적절한 수요를 파악하기 힘든 까닭에 과다공급 혹은 과소공급이 생길 수 있음 • 따라서 시장에서 공급하지 않는바 원칙적으로 공공부문에서 공급해야 함
요금재	• 배제성으로 인해 시장에서 공급할 수 있으나 규모의 경제효과로 인해 자연독점이 발생할 수 있는 재화의 경우 정부에서 공급 가능
사유재	우리가 일반적으로 시장에서 구입하는 재화로써 주로 시장에서 공급하는 게 원칙이지만 가치재(예 의무교육 등)의 경우 형평성 측면에서 정부가 공급할 수 있음

공유재	개념	주인 없는 천연자원, 들판, 공원 등을 의미함
	특징	• 공짜이며, 경합성을 지니고 있으므로 공유지의 비극이 발생할 수 있음 ➡ 즉, 공유지의 비극은 행위자들이 공멸로 인해 부담하는 비용보다 개인의 편익이 크다고 인식(비용의 분산과 편익의 집중)할 때 발생함 • 이에 따라 정부는 공유지의 비극을 막기 위해 공유재를 직접 공급할 수 있음
	공유지의 비극	• 개인적으로는 합리적인 선택이 사회 전체적으로는 비효율(과잉소비)을 초래하는 현상 • 공유지의 비극이 발생하는 이유 − 합리적·이기적 개인 − 비배제성 : 무임승차 = 비용회피 − 경합성(경쟁성)

📇 **규모의 경제와 자연독점**

- **규모의 경제** : 전기, 가스, 수도사업과 같은 산업은 그 생산 및 전달 체계를 구축하는 데 막대한 초기 투자비용을 필요로 하지만, 정교한 생산시스템을 구축한 후에는 생산비용을 절약할 수 있음
- 해당 사업은 막대한 초기 비용이 들어간다는 점에서 사업에 대한 진입장벽이 높음. 따라서 서비스를 공급하는 기업은 자연스럽게 시장에서 독점적인 위치를 차지할 수 있음 → 이는 가격의 왜곡을 초래할 수 있는바 정부가 개입하는 논거가 됨

공유재	공유지의 비극 해결방안		• 1968년 〈사이언스〉에 실렸던 미국 생물학자 가렛 하딘의 논문에 나오는 개념
		하딘 (전통적 방법)	정부가 개입하여 정부 혹은 시장에게 공유재에 대한 소유권을 부여하는 것
		오스트롬 (현대적 방법)	공유재를 이용하는 사람들이 재화사용에 대한 규칙을 자발적으로 설정해서 문제를 해결할 수 있음. 예를 들어, 외부효과를 내부화(이기적인 개인을 규제하는 벌칙부과 등)함으로써 어느 정도 해결할 수 있음

③ 서비스의 유형과 예시

유형	예
공공재(집합재)	국방, 외교, 치안, 등대, 무료 TV방송, 일기예보 등 순수공공재
공유재	주인이 없는 천연자원, 공원, 녹지, 국립도서관·공원, 하천, 지하수, 해저광물, 강, 공공 낚시터, 출근길 시내도로 등
요금재(유료재)	가스, 전기, 수도, 도로, 통신, 소유권이 지정된 넓은 공원, 케이블 TV 등
시장재(민간재·사적재)	• 물건 구매, 냉장고, 자동차, 라면, 전문교육, 의료, 오물 청소, 음식점, 호텔, 택시 등 • 가치재(merit goods): 국민이라면 마땅히 누려야 할 기초적인 재화·서비스

가치재에 대하여
• 정부는 어떤 특정한 재화·서비스에 대하여 그 이용을 개인의 자유로운 선택에 맡기는 것을 바람직하지 않다고 판단하여 이용을 조장하거나 강제하는 경우가 있음
• 의무교육, 의료, 학교의 급식에 대한 보조, 염가주택의 공적인 공급, 문화행사 등을 들 수 있는데, 이러한 재화 혹은 서비스를 가치재라고 함
• 가치재는 공공재가 아니며, 국가가 일부 공급하는 경우가 있지만, 원칙적으로 민간이 공급하는 민간재임

(2) 공공서비스 공급방식의 유형(사바스)

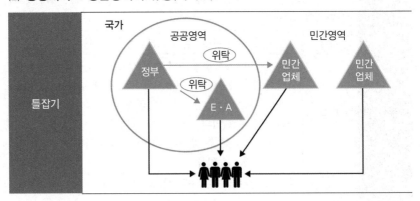

공공서비스 공급방식 (사바스)	☑ 공공서비스를 생산하는 주체와 생산수단에 따른 분류			
	구분		생산의 주체 : 누가 서비스를 생산하는가?	
			공공부문(정부)	민간부문 (민간업체 등)
	생산 수단	권력 • 배제성 획일적 적용× • 정부책임 ○	일반행정	민간위탁
		시장 • 배제성 적용	책임경영 (책임운영기관)	민영화

각 공급방식에 대한 설명	일반행정	• 공공부문에서 권력을 활용하여 공공서비스를 배분하는 공급방식 • 예 국방·치안서비스, 주민센터를 활용한 서비스 공급 등
	책임경영 (책임운영 기관)	• 배제성으로 인해 시장에서 공급할 수 있으나, 공공성 때문에 정부가 생산하는 방식 • 단, 서비스 공급에 있어서 책임운영기관(중앙행정기관의 소속 기관)을 활용함 • 예 국립현대미술관, 국립나주병원 → 근로자는 공무원임
	민간위탁	• 시장에서 공급하지만, 일반적으로 정부가 서비스 공급에 대한 책임을 지님. 아울러 가격메커니즘을 획일적으로 적용하지 않음 • 예 군복생산, 쓰레기 수거, 자원봉사자 방식 등
	민영화	• 민간부문이 시장의 원리에 따라 공공서비스의 생산과 공급을 담당하는 방식 • 예 KT의 통신서비스

2 행정학의 정체성 : 행정과 경영, 그리고 정치

1. 행정과 경영의 정의

행정	공익을 달성하기 위해 시장, 시민사회 및 정치집단 등과의 상호작용(협력) 속에서 정부가 행하는 정책 및 관리활동
경영	사익(기업의 이익)을 달성하기 위해 기업이 여러 주체와 상호작용(협력) 속에서 행하는 사업 및 관리활동 [최욱진, 2017]

2. 행정과 경영의 유사점 및 차이점

(1) 유사점

능률적인 관리	• 관리활동을 할 때 양자 모두 '효율성'을 추구하며, 효율성을 위한 유사한 관리기법 등을 사용함 • 즉, 인적·물적 자원을 동원하며 기획, 조직화, 통제방법, 관리기법, 사무자동화 등 제반 관리기술 활용
조직구조 : 관료제	행정과 경영 모두 관료제로 인한 순기능 및 역기능을 포함하고 있음
협동행위	조직 내 의사결정 과정에서 가능한 한 많은 대안 중에서 최선의 대안을 선택·결정하고자 하는 합리적 협동행위

(2) 차이점

목적	경영은 사익 혹은 기업의 이윤을 추구하며 행정은 공익을 추구함
추구하는 가치	경영은 효율성이 중요한 가치이며, 행정은 효율성을 포함한 다양한 가치를 추구함
영향력의 범위	경영에 비해 행정이 국민에게 미치는 영향력이 큼 ➡ 정책을 생각해 볼 것
강제성	• 행정은 일단 법이 통과되면 강제성을 바탕으로 정책을 집행함 • 즉, 행정은 본질적으로 정치적인 공권력을 배경으로 정책을 수행하는바 상대적으로 경영은 관리적 측면이 강하게 나타나고 행정은 권력적 측면(권리제한 및 의무부과 등)이 강하게 나타남
정치적 성격	행정은 경영에 비해 정치권력의 개입이 많음. 의회의 간섭, 국민의 요구 등
성과평가 기준	행정의 목적은 공익인데, 공익은 사익에 비해 추상적인 개념이므로 공익을 달성하는 지표나 척도가 경영에 비해 분명하지 못함
경쟁의 결여	행정은 민간에 비해 경쟁자가 없다고 볼 수 있음

2. 행정과 정치의 관계 : 정치행정이원론 · 정치행정일원론을 중심으로

정치행정이원론과 정치행정일원론의 전제 : 일반적으로 정치는 결정, 행정은 집행이라는 것

(1) 틀잡기

구분	행정의 역할(기능)	
	정치적 기능 : 정책결정 ➡ 방향성 설정	행정적 기능 : 효율적인 관리 및 집행
정치행정이원론	×	○
정치행정일원론	○ (어느 정도)	○

(2) 정치행정이원론 · 정치행정일원론에 대한 직관적 이해

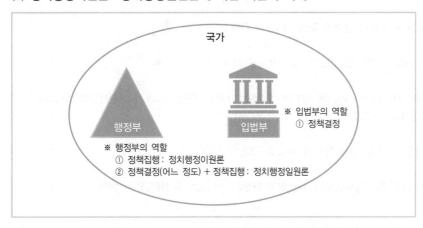

기출OX 확인

□□□ **01** 좁은 의미의 행정은 행정부의 구조와 공무원을 포함한 정부 관료제를 중심으로 이뤄지는 활동을 의미한다. 13 행정사 （　　）

□□□ **02** 행정은 정치과정과 분리된 정부의 활동으로 공공서비스 생산 및 공급, 분배에 관한 모든 활동을 의미한다. 09 서울9 （　　）

□□□ **03** 행정의 과학성은 정책문제 해결을 위한 실천적 대안을 모색하는 것이다. 05 국회8 （　　）

□□□ **04** 행정학은 원인과 결과의 규칙성을 발견하는 기술성(art)을 중시하는 학문이다. 15 국회9 （　　）

□□□ **05** 집합재는 비경합성과 비배제성의 특징 때문에 과소공급과 과다공급의 쟁점을 야기시키는 만큼 원칙적으로 공공부문에서 공급해야 할 서비스이다. 17 경간 （　　）

□□□ **06** 전기와 고속도로는 공공재의 성격을 갖고 있다. 15 교행9 （　　）

□□□ **07** 무임승차자가 발생하는 근본 원인으로는 비배제성을 들 수 있다. 14 국가7 （　　）

□□□ **08** 전기·수도와 같은 공공서비스 공급에 정부가 개입하는 이유는 해당 서비스가 비경합성과 비배제성을 지니고 있기 때문이다. 18 행정사 （　　）

□□□ **09** 순수민간재는 경합성과 배제성을 동시에 지니고 있다. 18 행정사 （　　）

□□□ **10** 공유지의 비극은 소유권이 불분명하게 규정되어 자원이 낭비되는 현상이다. 12 지방9 （　　）

정답 및 해설

구분	해설	정답
01	협의로서 행정은 정부의 활동을 의미함	○
02	행정은 정치과정과 연결된(다양한 이해관계를 반영하는) 정부의 활동으로 공공서비스 생산 및 공급, 분배에 관한 모든 활동을 의미함	×
03	문제해결을 위한 대안을 모색하는 것은 기술성에 대한 내용임 ※ 과학성: 어떤 현상에서 인과법칙을 발견하려는 특성	×
04	원인과 결과의 규칙성을 발견하는 것은 '과학성'에 대한 내용임	×
05	집합재, 즉 공공재는 무임승차자 문제로 인해 정확한 수요를 파악하기 어려움; 아울러 시장에서 공급하지 않는바 정부가 직접 공급함	○
06	전기와 고속도로는 요금재의 성격을 갖고 있음	×
07	비배제성, 즉 서비스를 공짜로 이용할 수 있는 특성은 무임승차자가 발생하는 원인임	○
08	전기·수도와 같은 공공서비스 공급에 정부가 개입하는 이유는 해당 서비스가 자연독점 현상을 야기할 수 있기 때문임 ※ 자연독점은 규모의 경제효과로 인해 발생하는데, 규모의 경제효과는 생산 설비의 규모 증가에 따른 생산 비용의 감소 현상을 의미함; 전기나 수도 외에도 규모의 경제효과가 나타날 수 있는 산업이 있지만, 전기나 수도의 경우 국민에게 미칠 수 있는 영향이 매우 크기 때문에 정부가 공급하고 있음	×
09	순수민간재, 즉 시장재는 경합성과 배제성을 동시에 지니고 있음	○
10	공유지의 비극은 주인이 없는 천연자원 등이 낭비되는 현상임	○

Chapter 02 행정이론

1 관리주의(관리과학 · 주류행정학) : 행정 = 효율적인 관리

관리주의는 능률적인 관리를 위해 공식적인 구조, 즉 시스템 설계에 관리의 초점을 두었음

1. 관련 학자

윌슨	정치행정이원론 주창	1887년 '행정의 연구'에서 정치행정이원론을 주창
	엽관주의 폐해 비판	• 윌슨은 엽관주의(Spoils system)의 폐해(행정의 전문성 · 안정성 감소 및 부패의 문제 등)로 인해 국민의 신뢰가 하락한 것을 목도하고 이를 비판하면서 정치행정이원론을 강조
	행정학의 아버지	• 윌슨의 '행정의 연구'는 미국 행정학의 학문적 기원임 ➡ 행정학을 정치학으로부터 분리하여 독자적인 학문 분야로 정착시켰음 • 또한, 윌슨은 유럽국가의 행정을 참고하여(유럽의 관료제) 미국의 독창적인 행정이론 개발을 주장함
테일러		• 과학적 관리법의 창시자로서 1911년에 'The principles of scientific management(과학적관리론)' 발표 • 과학적관리론의 내용 : 능률적인 관리를 통한 생산성 제고 ➡ 특히 능률적인 시스템 정립 강조 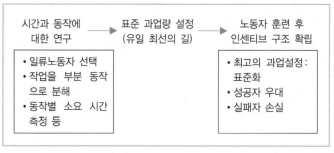 • 테일러(Taylor)의 과학적관리론에서 관리자는 생산증진을 통해서 노 · 사 모두를 이롭게 해야 함

📋 용어정리
• **엽관주의** : 정당충성도를 기준으로 공무원을 임용하는 인사행정제도

어윅 & 귤릭	원리주의자		귤릭·어윅은 능률적인 행정을 위해 어떠한 나라에서나 적용될 수 있는 보편적인 과학적 원리가 있다고 주장
	행정의 4대 원리	전문화의 원리	작업과정을 세분해서 한 사람이 특정 부문을 담당
		명령통일의 원리	명령을 내리고 보고를 받는 사람이 반드시 한 사람이어야 함 ➡ 한 명의 상관에게 보고
		통솔범위의 원리	한 사람이 통솔가능한 부하의 수를 거느려야 함(5~6명)
		부서편성의 원리 (부성화의 원리)	조직을 편성하는 기준(목적, 과정, 고객, 장소 등)에 따라 각 부서에게 업무를 부여
	POSDCoRB (최고관리자 기능)	Planning(계획)	조직의 목표를 정하고 이를 달성하기 위한 방법을 알아보는 것
		Organizing (조직화)	조직구성원에게 직무를 부여하고 이에 대한 책임을 지우는 것
		Staffing(인사)	사람을 충원하는 것
		Directing(지휘)	조직 전반을 이끌어가는 것
		Coordinating (조정)	부서와 부서 간의 업무가 유기적으로 연결되도록 노력하는 과정
		Reporting (보고체계)	부하와 상관의 보고방식을 정하는 것
		Budgeting (예산)	조직의 일에 대해 돈을 배정하는 과정

2. 관리주의 학자에 대한 비판

(1) 조직 내 인간에 대한 관심 부족

(2) 원리를 도출하는 방법과 원리 간의 모순 ➡ 실험을 통해 검증되지 않은 이론

(3) **행정환경을 고려하지 않음**: 즉, 조직을 폐쇄체제로 간주

□□□ **01** 윌슨은 행정부패를 막기 위해서 그 진원지가 되는 정치로부터 행정을 격리하려는 논리를 전개하였다.
04 국가7   (   )

□□□ **02** 윌슨은 효율적인 정부 운영에 관심을 두었다. 16 지방7   (   )

□□□ **03** 테일러는 과학적 분석에 의하여 유일 최선의 방법을 발견할 수 있다고 가정한다. 04 국회8   (   )

□□□ **04** 테일러는 W.Wilson, L.Gulick과 함께 관리주의로 논의되기도 한다. 04 입법고시   (   )

□□□ **05** 과학적관리론은 최고관리자의 운영원리로 POSDCoRB를 제시하였다. 23 국가9   (   )

정답 및 해설

구분	해설	정답
01	윌슨이 주장한 정치행정이원론에 대한 내용임	O
02	윌슨은 능률적인 국가관리를 위해 정치와 행정을 분리하고자 했음	O
03	테일러는 시간과 동작연구를 통해 생산성을 극대화할 수 있는 유일 최선의 길을 발견하고자 했음	O
04	테일러는 윌슨, 굴릭 & 어윅 등과 함께 관리주의에 포함되는 학자임	O
05	POSDCoRB는 어윅과 굴릭이 주장한 내용임	×

2 인간주의

- 인간주의와 관리주의는 모두 조직의 생산성과 능률성 향상에 주목함
- 단, 인간주의는 조직구성원에 대한 관심을 통해 조직의 생산성을 높이려는 입장임
  → 따라서 '인간'주의로 불림

1. 틀잡기

직관적 이해	• 전쟁터의 군인은 인센티브 체계가 아닌 동료 간 형성된 '전우애'의 영향을 받음 • 일선 소방관이 위험한 화재 현장에 뛰어드는 이유를 조직 내 형성된 '동료애'로 설명할 수 있음 • 학원 커리큘럼 vs 면학분위기, 인출하려는 개인의 노력, 선생님에 대한 호불호

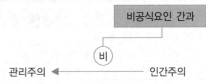

※ 비공식요인 : 공식적인 규칙이나 시스템을 제외한 모든 요인 ➡ [예] 갈등, 동료애, 리더십, 구성원 간 소통 등

2. 인간주의에 대하여

(1) 의의

등장배경	인간주의는 관리주의 중에서 특히 과학적 관리법에 대한 반작용으로 나타남
개념	• 인간주의는 시스템 설계와 같은 공식적 구조가 아니라 비공식요인에 초점을 두고 생산성 제고를 추구함 • 인간 : 사회심리적 존재

(2) 관련 학자

메이요 (Elton Mayo)	호손(Hawthorne) 실험	• 미국 시카고 교외에 있던 서부 전기회사의 호손공장에서 5년간(1927~1932) 실시 • 비공식 요인 ➡ 생산성↑ • 누구와 같이 일하고(동료애), 사람의 대접을 받고 있는지 등 조직구성원으로서 어떻게 느끼고 만족하는가(인간은 감정적·정서적 존재)에 따라 조직의 생산력이 결정됨

📑 용어정리
- **사회적 존재** : 인간은 일하는 과정에서 주변 사람의 영향을 받음
- **심리적 존재** : 인간은 자아실현(원하는 일 성취 등)을 통한 심리적 만족감을 중시함
- 인간의 사회심리적 요인(비공식요인)은 조직의 생산성을 좌우할 수 있음

(3) 인간주의의 특징과 한계

특징	• **비공식요인 강조** : 즉, 비공식 집단, 집단규범(group norm), 리더십, 커뮤니케이션, 참여, 갈등에 대한 내용 등을 연구 • **평면성을 띤 조직구조 선호** : 인간의 사회적 또는 심리적 만족을 확보하기 위해서는 작업과 조직구조와의 관계가 적절히 조정·조화되어야 함 • **궁극적 목표는 조직의 성과제고** : 인간관계론도 과학적관리론과 마찬가지로 그 궁극적인 목표는 조직의 성과제고임
한계	• 인간의 경제적인 욕구를 상대적으로 등한시 함 • 환경과의 상호작용 경시 : 조직을 폐쇄체제로 간주

📋 **용어정리**
• **규범** : 강제성은 없으나 조직구성원들이 암묵적으로 지키는 것 → 예 신입사원의 조기 출근
• **규칙** : 조직 내 구성원이 강제적으로 준수해야 하는 공식적 절차 → 예 회사내규, 출근시간 등

PART 01

기출OX 확인

☐☐☐ **01** 인간주의에 따르면 비공식집단은 개인의 생산성을 제고하는 데 결정적인 역할을 한다. 06 선관위9
( )

☐☐☐ **02** 인간관계론의 궁극적인 목표는 조직구성원의 자아실현이다. 11 지방7
( )

☐☐☐ **03** 인간관계론은 외부환경의 영향을 고려하지 않는 폐쇄적 조직론이다. 18 경간
( )

정답 및 해설

구분	해설	정답
01	인간주의에 따르면 조직 내 친한 동료집단과 같은 비공식집단은 개인의 생산성을 제고하는 데 결정적인 역할을 함	○
02	인간주의의 궁극적인 목표는 조직생산성 제고임	×
03	인간주의와 관리주의는 폐쇄체제적 관점의 이론임	○

3 행태주의(Behaviorism)

행태주의: 인간행동의 원인을 탐구하려는 연구방법 → 이를 위해 논리실증주의를 활용함

1. 논리실증주의에 대한 직관적 이해

개념	검증된 이론으로부터 가설을 도출(연역)하고 실험을 통해 이를 검증(귀납)하여 새로운 지식을 형성하는 자연과학식 연구방법(기계적 과학관) ➡ 비엔나 학파에서 시도한 사회현상의 과학적 연구방법론
예시	• 알고 싶은 것 : 어떻게 하면 단기합격할 수 있을까? • 검증된 이론(보편적 지식) : 인출↑ ➡ 학업성취도↑ • 가설도출 : 백지복습이나 다양한 방식의 문제풀이를 하면 시험성적이 빨리 오를 수 있을까? • 실험 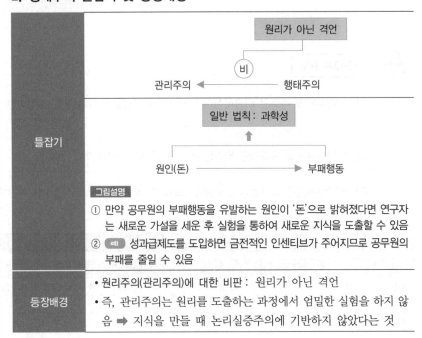

용어정리
• **보편적 지식**: 모든 지역·집단·개인에게 적용되는 지식

2. 행태주의 틀잡기 및 등장배경

틀잡기	원리가 아닌 격언 관리주의 ◀── 비 ── 행태주의 일반 법칙: 과학성 ⬆ 원인(돈) ──────▶ 부패행동 **그림설명** ① 만약 공무원의 부패행동을 유발하는 원인이 '돈'으로 밝혀졌다면 연구자는 새로운 가설을 세운 후 실험을 통하여 새로운 지식을 도출할 수 있음 ② 예 성과급제도를 도입하면 금전적인 인센티브가 주어지므로 공무원의 부패를 줄일 수 있음
등장배경	• 원리주의(관리주의)에 대한 비판 : 원리가 아닌 격언 • 즉, 관리주의는 원리를 도출하는 과정에서 엄밀한 실험을 하지 않음 ➡ 지식을 만들 때 논리실증주의에 기반하지 않았다는 것

3. 특징

		행정학의 연구 분야	
과학성	구분	가치	사실
	행태주의	• 연구 분야가 있다는 건 인정함 • 그러나 주관적인 연구가 될 가능성이 크므로 연구에서 배제 ➡ 정부의 방향성 관련 연구 분야 • 예 정의란 무엇인가? 형평이란 무엇인가?	• 검증이 가능한 객관적 영역의 연구 • 사이먼은 사실연구를 강조하는 입장임 • 예 행동(의사결정 등)의 원인탐구

• 행정학의 연구분야를 가치(검증이 어려운 분야 : 주관적 연구영역)와 사실로 구분하고 연구의 초점은 '사실'의 분야(검증이 가능한 분야 : 객관적인 연구영역)가 되어야 함을 주장

• 사이먼은 행태연구를 사실의 분야로 간주하고 행동을 유발하는 원인을 탐구하여 인과관계를 도출함
• 다만 인간의 행동은 태도, 의견, 개성 등 다소 포괄적인 개념인데, 사이먼은 이 중에서 의사결정을 중요한 행동으로 생각하고 의사결정을 집중적으로 연구함
• **계량적 연구** : 사회현상은 추상적인 개념이 많은 까닭에 행정학의 연구방법이나 설명에 있어서 계량화(개념의 조작화), 확률적 설명에 기초

다양한 학문 활용 사이먼은 태도, 의견, 개성 등의 개념을 정의하기 위해 다양한 학문을 활용

 기출OX 확인

□□□ **01** 행정행태론은 가치와 사실을 구분하고 가치에 기반한 행정의 과학화를 시도하였다. 23 국가9 (   )

□□□ **02** 행태주의는 행태의 규칙성 및 인과성을 경험적으로 입증하고 설명할 수 있다고 보며 가치와 사실을 통합하고 가치중립성을 지향한다. 15 서울7   (   )

□□□ **03** 행정행태론은 가치지향적 관리를 강조한다. 21 경정승진   (   )

정답 및 해설

구분	해설	정답
01	행정행태론은 가치와 사실을 구분하고 사실에 기반한 행정의 과학화를 시도함	×
02	행태주의는 행태의 규칙성 및 인과성을 경험적으로 입증하고 설명할 수 있다고 보며 가치와 사실을 분리하고 가치중립성을 지향함	×
03	행정행태론은 사실 중심의 연구를 지향함	×

4 후기행태주의(Post-Behaviorism)

1. 틀잡기

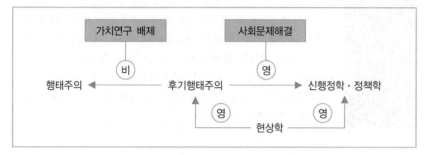

2. 의의

등장배경 : 행태주의 비판	• 행태주의의 가치연구 배제 ➡ 행태주의는 행정이 나아가야 할 방향성을 제시하지 못함 • 이에 따라 행태주의는 미국행정의 '격동기'를 해결하지 못함(사회문제 해결×) ➡ 흑인폭동 혹은 월남전 참전 반대운동 등 • 후기행태주의는 이러한 현상을 해결하기 위해 적실성·처방성 등을 강조하면서 등장함
개념	• 후기행태주의(post-behaviorism)는 과학주의, 실증주의에 기반한 행태주의에 대한 반발인 1960년대 후반 이후의 학문적 사조임 • 사회문제 해결 강조 : 정치학자 David Easton(이스턴)은 '정치학의 새로운 혁명'을 위하여 후기행태주의를 선언하였고 후기행태주의의 성격을 '적실성의 신조(credo of relevance)'와 '실행(action)'이라고 주장함 • 사회문제해결을 강조하는 후기행태주의는 신행정론이나 정책학의 발전에 기여

3. 특징

사회문제해결 강조	• 실천적 연구 : 가치중립적인 실증적·과학적 연구에 치우치지 않고 사회문제의 해결을 위한 정책적인 관심과 규범적인 차원의 연구에 집중(단, 행태주의를 버리는 건 아님. 그래서 '후기'행태주의임) ➡ 현실적합성 있는 처방적인 지식을 강조 • 이를 위해 사실판단(fact)과 가치판단(value)을 종합한 연구가 필요한데, 후기행태주의는 이 중에서 특히 가치영역에 대한 연구를 강조함(가치평가적인 정책연구 지향) • 사회문제해결을 위한 방향성 제시 : 후기행태주의는 절약과 능률이라는 전통적 행정가치를 부정하지는 않음. 다만, 이러한 전통적 가치를 보완하기 위하여 빈곤과 불평등 및 불의에 대한 윤리적 관심 및 정책결정의 기준으로서 사회적 형평성 등을 강조

현상학 활용 (가치연구에 적용)	• 현상학이란 사회현상을 연구함에 있어서 외면적으로 표출된 객관적 현상이 아닌 인간행동의 '내면의 의미'를 파악하려는 것으로서 반실증주의적 연구방식(행태주의 비판)을 의미함 • 맥락을 고려하여 행동에 내재된 의미를 파악하게 되면 인간을 이해하게 되고, 이는 정책의 방향성을 제시하는 데 도움이 된다는 것. 이러한 과정을 통해 정부는 사회문제를 해결할 수 있음 • 현상학은 '가치'의 영역을 연구하는데 적합한 이론이기 때문에 후기행태주의와 후기행태주의를 받아들인 신행정론에서도 현상학을 중요한 연구방식으로 활용함

 기출OX 확인

□□□ **01** 정책학은 후기행태주의(Post Behavioralism)의 퇴조로 등장하게 되었다. 11 경간 ( )

□□□ **02** 이스턴(D. Easton)의 후기행태주의는 가치중립적·과학적 연구를 강조하였다. 13 행정사 ( )

□□□ **03** 후기행태주의가 등장한 배경은 1960년대 흑인에 대한 인종차별, 월남전에 대한 반전 데모 및 강제징집에 대한 저항 등 미국 사회의 혼란이라고 볼 수 있다. 08 서울9 ( )

정답 및 해설

구분	해설	정답
01	정책학은 후기행태주의(Post Behavioralism)의 등장과 함께 발전하였음	×
02	사이먼의 행태주의가 가치중립적·과학적 연구를 강조하였음	×
03	후기행태주의는 미국의 격동기에 등장함 → 정치학자 이스턴이 주장함	○

5 신행정학

1. 신행정학

틀잡기	
등장배경	• 미노브룩 회의 : 1968년 9월 D. Waldo(왈도)를 중심으로 미국의 젊은 행정학자들이 미노브룩(Minnowbrook) 학술회의에서 기존의 행정학에 대하여 비판 ➡ 행정학의 새로운 방향을 제시 • 1960년대 미국 사회의 혼란을 해결하지 못하는 학문적 무력함에 대한 반성으로 나타남 ➡ 논리실증주의에 기초한 행태주의 비판
신행정학의 기본 입장	**사회문제 해결 강조 (기술성 강조)** • 논리실증주의에 기반한 행태주의의 문제해결능력 부족을 지적함 ➡ 이에 따라 신행정학은 후기행태주의의 영향을 받아서 연구의 실용성 및 현실적합성을 주장 • 즉, 실제 문제를 해결하는 데 집중하고, 이를 위해 사람들의 행동을 깊이 있게 이해하려고 노력하자는 것 ➡ 신행정학은 엄격한 실증주의(행태주의)에 대한 비판 위에서 현상학 등에 바탕을 두고 현실 문제를 해결하고자 함 **사회문제 해결을 위한 노력** • 고객 중심의 행정(국민을 이해하려는 노력), 사회적 형평, 조직의 인간화(인간의 부품화 반대) 등 • 시민참여의 확대를 주장 • 사회문제해결을 위한 적극적 정부활동을 인정하기 때문에 정치행정일원론에 가까운 입장

□□□ **01** 신행정론은 실증주의적 방법론을 비판하고 사회적 형평성과 적실성을 강조하였다. 23 국가9 (　　)

□□□ **02** 신행정학(New Public Administration)은 행태주의와 논리실증주의를 비판하면서 등장하였다. 21 군무원9 (　　)

□□□ **03** 신행정학은 행정의 능률성을 강조했으며, 논리실증주의 및 행태주의의 주장을 지지하였다. 22 국가7 (　　)

정답 및 해설

구분	해설	정답
01	신행정학은 사회문제를 해결하기 위해 과학성을 강조하는 행태주의를 비판하고 형평성과 현실에 적합한 연구를 강조함	○
02	신행정학과 후기행태주의는 행태주의와 논리실증주의를 비판하면서 등장하였음	○
03	신행정학은 형평성 등을 주장했으며, 기술성을 중시하는바 과학성을 강조하는 행태주의를 비판하는 입장임	×

6 공공선택론

1. 틀잡기

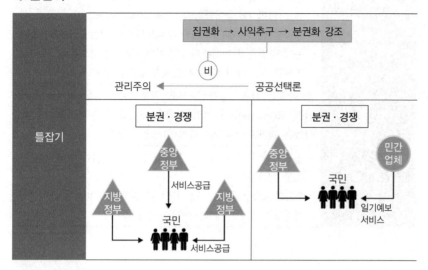

2. 의의와 목적

등장배경	• 본래 뷰캐넌, 털럭, 니스카넨 등 경제학자들에 의해 만들어졌으며, 정부실패가 발생한 후 Ostrom(오스트롬)이 '미국 행정학의 지적 위기'(1973) 출간을 통해 행정학의 정체성 위기를 지적하고 공공선택론의 관점을 행정학에 적용 • 오스트롬은 윌슨·베버리안의 집권적 능률성 패러다임에 대항하여 공공서비스 공급에서 관할권의 중첩(분권화)을 통한 경쟁 원리를 도입하여 민주행정의 패러다임을 제시 • 공공선택론은 전통적 관료제의 집권적인 의사결정구조를 비판함 ➡ 정부는 공공재의 생산자, 시민들은 소비자라고 가정할 때, 집권적 의사결정 구조는 정부의 사익추구 수단으로 작용할 수 있음. 따라서 집권적 구조는 공공재 공급에 대한 소비자의 선호를 반영할 수 없음
정의	시장의 범주 밖(비시장영역 : 행정부, 국회, 시민사회 등)에서 일어나는 의사결정을 경제학적으로 접근하고 연구하는 이론
목적	공공서비스의 공급에 있어서 국민의 선호를 반영하여 국민의 선택권을 확장하는 것

www.pmg.co.kr

3. 공공선택론의 일반적인 특징

이기적인 인간을 가정 (경제학적 인간관)	• 모든 인간은 자신의 이익을 추구하며 이익을 극대화하기 위해 노력함 ➡ 극대화의 전략(maximizing strategies) • 공공선택론은 인간에 대한 분석으로부터 현상을 설명하기 때문에 방법론적 개체주의 관점이며, 참인 명제로부터 또 다른 명제를 도출하기 때문에 연역적 접근을 활용하고 있음
경제학적 접근	경제수학을 활용 : 공공선택론을 처음으로 주장한 학자는 뷰캐넌(J. Buchanan)과 털럭(G. Tullock)과 같은 경제학자이며, 이들은 경제수학을 활용하여 현상을 설명함
분권화된 제도 강조	• 집권적인 구조는 사익을 추구하기 쉬운 까닭에 분권적인 구조를 선호함 • 제도의 중요성 강조 : 공공선택론은 정부의 정책결정 규칙이나 결정구조가 어떻게 만들어졌느냐를 중시함

 기출OX확인

☐☐☐ **01** 공공선택론의 사상적 연원은 정부 서비스 공급에서 시민의 선택을 존중해야 한다는 생각이다. 15 국회9
( )

☐☐☐ **02** 공공서비스를 독점적으로 공급하는 전통적인 정부관료제는 시민의 요구에 민감하게 반응을 보일 수 없는 제도적 장치이다. 14 경찰간부
( )

☐☐☐ **03** 공공선택론은 제도적 장치의 필요성을 경시한다. 10 지방7
( )

정답 및 해설

구분	해설	정답
01	공공선택론의 사상적 연원은 정부 서비스 공급에 있어서 시민의 선호를 반영해야 한다는 생각임	○
02	공공선택론에 따르면 공공서비스를 독점적으로 공급하는 집권적인 전통적인 정부관료제는 시민의 요구에 민감하게 반응을 보일 수 없는 제도적 장치임	○
03	공공선택이론은 전통적인 정부관료제 조직을 비판하면서 관할구역을 중첩시키고 권한을 분산시키는 분권적 의사결정 구조 (제도)를 주장하였음	×

7 신공공관리론(New Public Management)

1. 신공공관리론에 대한 이해

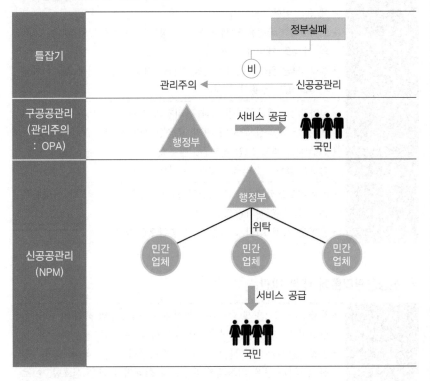

틀잡기	
구공공관리 (관리주의 : OPA)	
신공공관리 (NPM)	

2. 의의

등장배경	신공공관리론은 시장주의와 신관리주의를 결합하여 정부실패를 야기한 전통적 관료제 패러다임(구공공관리 = 관리주의)의 한계를 극복하고자 했으며, 정부의 간섭과 규제를 줄이려는 신자유주의 이념에 기초함
개념	• 기업의 운영방식을 정부에 도입하여 작고 능률적인 정부를 추구하는 국정관리 패러다임 ➡ 능률성을 강조하는바 정치행정이원론(공사행정일원론)의 관점 • 1970년대 말 정부실패의 경험 이후 영연방제국에 의하여 정부의 감축과 시장기제의 도입을 기조로 하는 1980년대 행정개혁운동 ➡ 이는 1980년대 이후부터 2000년대 초반까지 영·미 등 주요 선진국 행정개혁의 기반이 되었음

용어정리
• **시장주의**: 시장을 활용한 서비스 공급, 고객만족도 제고 등
• **신관리주의**: 공무원에게 운영상 자율성 부여 → 성과책임 부여
• **신자유주의**: 정부의 지나친 규제를 반대하는 국정철학

3. 주요 내용

시장주의	• **민영화 및 민간위탁 활용**: 경쟁과 가격메커니즘을 통한 공공서비스 제공과 이에 따른 정부역할 축소 • **고객주의**: 국민을 납세자가 아닌 정부의 고객으로 인식하여 고객의 만족도 제고에 초점 • **수익자부담 원칙의 강화**: 돈을 지불한 사람에게 편익을 제공하자는 것 ➡ 작고 능률적인 정부에 기여
신관리주의	• **성과관리**: 권한위임을 통해 관리자의 자율성을 향상시키고, 성과를 통한 책임성 확보와 관리 효율성 제고를 강조 • **인센티브 제도 도입**(성과급, 연봉제) • **기업가 정신**: 수익을 창출하는 정부 추구
기타	• **네트워크 조직 활용**: 정책결정과 정책집행을 분리하고, 집행업무는 가급적 일선기관으로 이양 • 공익을 사적 이익(고객만족)의 총합으로 파악

4. 신공공관리론에 대한 비판

능률성에 치중한 행정	• 효율성을 지나치게 강조하는 과정에서 공공부문의 책임성, 공익성, 형평성 및 민주성을 상대적으로 경시할 수 있음 • 신공공관리는 비용절감, 효율성, 감축관리를 강조하며, 윤리, 정신, 지위와 같은 비화폐적 유인보다 화폐적 유인을 선호함. 이로 인해 유인기제가 지나치게 경제적 보상으로 획일화되어 있다는 비판을 받고 있음
성과평가에 대한 문제	• 성과평가에 대한 지나친 집착으로 공무원의 사기를 저하시킬 수 있음 • 행정의 목적은 경영에 비해 추상적이므로 객관적인 성과평가가 어려움

5. 신공공관리론의 이론적 배경

(1) 틀잡기

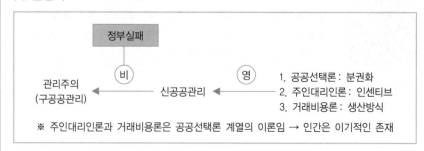

(2) 주인대리인이론

틀잡기	제도적 처방 주인대리인관계 ⟶ 정보비대칭 ⟶ 대리손실 ┬ 역선택 └ 도덕적 해이
주요 내용	• 사회 내에는 주인대리인 관계가 편재 ➡ **예** 국민과 행정부, 의회와 행정부, 행정부와 시장, 의사와 환자 등 • 주인과 대리인 간에는 정보의 비대칭성이 존재 ➡ 주인과 대리인은 자신의 이익을 극대화하려는 합리적인 개인 • 주인에게 대리손실(agency loss) 발생 ➡ 주인대리인론은 주인에게 불리한 선택으로 인한 문제해결에 초점을 두고 있음 **주인에게 발생하는 대리손실** • 역선택 : 대리계약 체결 전의 어쩔 수 없는 불리한 선택 ➡ 전문성이 부족한 대리인 선택 • 도덕적 해이 : 대리계약 체결 후의 대리인의 태만 **대리손실에 대한 해결방안 (제도적 처방 강조)** • 역선택 방지 : 정보균형화 ➡ 정보공개제도의 확대, 입법예고제도, 내부고발자 보호제도 등 활용 • 도덕적 해이 방지 : 효율적인 계약제도(성과중심의 통제, 인센티브 제공), 경쟁체제 도입 등

📑 용어정리
- **정보비대칭** : 주인과 대리인 간 정보보유량 차이
- **대리손실** : 대리인에게 일을 맡기는 과정에서, 혹은 맡긴 후 주인에게 발생할 수 있는 손해

(3) 거래비용이론

틀잡기	※ 아파트 엘리베이터 설치를 생각해 볼 것 제도적 처방 거래비용 ┬ 거래 전 비용 ➡ ┬ 거래비용↑ └ 거래 후 비용 └ 거래비용↓
개념	• 인간이 대규모 계층제 조직을 만드는 이유를 거래비용으로 설명하는 이론 • 거래비용은 거래시 소요되는 비용인데, 인간들은 이러한 거래비용을 최소화하기 위해 일정한 조직구조를 갖는다는 것 ➡ 거래비용이론은 이를 경제학적으로 설명
거래비용 이란?	• 거래비용이란 합의사항 작성비용, 협상이행을 보장하는 비용, 품질측정비용, 정보이용비용, 감시비용, 상대방의 기회주의적 행동에 대한 탐색비용 등 경제적 교환과 관련된 모든 비용을 의미 • 거래비용은 거래 전 비용과 거래 후 비용으로 나눌 수 있음 **거래 전 비용** 협상비용, 합의사항 작성비용, 정보이용비용 등 **거래 후 비용** 이행비용, 감시비용, 분쟁조정관련비용, 계약이행보증비용 등

PART 01

내부생산과 외부생산	• 거래비용이론을 활용해서 조직을 만드는 방법 두 가지 : 내부생산(자체생산)과 외부생산(위탁생산)	
	내부생산 (조직화 · 내부화)	거래비용이 클 때 : 거래비용 > 조정비용(자체생산비용)
	외부생산 (시장화 · 외부화)	거래비용이 작을 때 : 거래비용 < 조정비용
	• 결국, 대규모 조직을 만들 것인지, 아니면 네트워크 조직을 만들 것인지는 '거래비용 최소화'를 위한 선택임	

6. 탈신공공관리론(Post-NPM) : 신공공관리 + 구공공관리(강조)

틀잡기	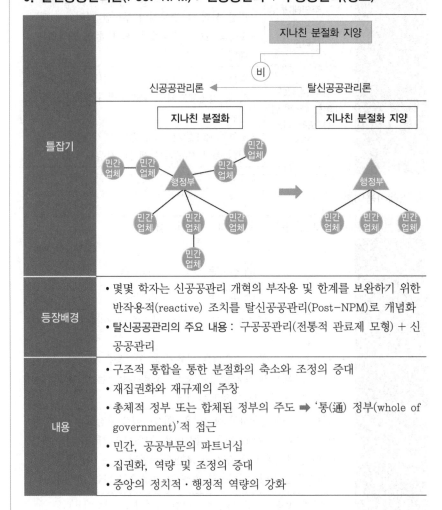
등장배경	• 몇몇 학자는 신공공관리 개혁의 부작용 및 한계를 보완하기 위한 반작용적(reactive) 조치를 탈신공공관리(Post-NPM)로 개념화 • 탈신공공관리의 주요 내용 : 구공공관리(전통적 관료제 모형) + 신공공관리
내용	• 구조적 통합을 통한 분절화의 축소와 조정의 증대 • 재집권화와 재규제의 주창 • 총체적 정부 또는 합체된 정부의 주도 ➡ '통(通) 정부(whole of government)'적 접근 • 민간, 공공부문의 파트너십 • 집권화, 역량 및 조정의 증대 • 중앙의 정치적 · 행정적 역량의 강화

기출 OX 확인

□□□ **01** 신공공관리론은 시장주의와 신관리주의가 결합하여 전통적관료제 패러다임의 한계를 극복하기 위한 것이다. 11 국가7 ( )

□□□ **02** 신공공관리론은 시민을 고객으로 인식해 고객 만족의 극대화를 추구한다. 14 사복9 ( )

□□□ **03** 신공공관리론은 중앙정부의 감독과 통제의 강화를 통해 일선공무원의 행정서비스 품질을 향상시키고자 한다. 08 지방9 ( )

□□□ **04** 대리인이론은 대리인에게 불리한 선택으로 인한 문제해결에 초점을 둔다. 14 사복9 ( )

□□□ **05** 거래비용론에 따르면 기회주의적 행동을 제어하는 데에는 시장이 계층제보다 효율적인 수단이다. 21 국가7 ( )

□□□ **06** 신공공관리론은 정부의 기능을 민간화하고 지출을 팽창시켜야 한다는 관점의 이론이다. 20 행정사 ( )

□□□ **07** 탈신공공관리론은 조직의 분절화를 추구한다. 05 경기9 ( )

정답 및 해설

구분	해설	정답
01	신공공관리론은 구공공관리론을 비판하면서 작고 능률적인 정부 구현을 위해 시장주의와 신관리주의를 강조함	○
02	신공공관리론은 고객주의를 추구함	○
03	신공공관리론은 중앙정부의 감독과 통제의 완화(분권화)를 통해 일선공무원의 행정서비스 품질을 향상시키고자 함	×
04	대리인이론은 주인에게 불리한 선택으로 인한 문제해결에 초점을 둠	×
05	계층제는 생산을 대리하는 구조가 아니므로 기회주의적 행동을 제어하는 데에는 시장이 계층제보다 비효율적임	×
06	신공공관리론은 정부의 기능을 민간화하고 정부의 지출을 축소해야 한다는 관점의 이론임	×
07	분절화는 작고 능률적인 정부를 지향하는 신공공관리에 관한 내용임 → 탈신공공관리론은 구조적 통합을 위해 분절화의 축소를 지향함	×

8 거버넌스(Governance)

1. 틀잡기

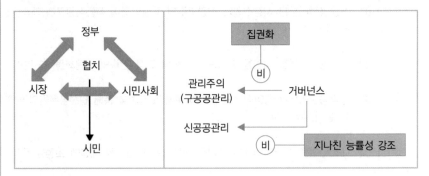

2. 의의

등장배경	• 전통적인 정부관료제에 대한 문제인식으로부터 출발 : 경직성을 띤 정부관료제는 시민의 다양한 욕구를 충족하지 못하고 통제와 지시 위주의 행정을 반복함 • 시장지향적 정부개혁을 지향한 신공공관리의 한계를 극복하기 위한 대안 : 효율성 VS 민주성
개념	'정부, 시장, 시민사회 간의 협치'로써 각 참여자 집단은 국정운영의 파트너임

3. 특징

참여자 간 네트워크 형성	네트워크는 국가로부터 자율성을 갖는 단체나 조직 간의 지속적인 유대와 상호작용을 의미 ➡ 이러한 상호작용이 가능하려면 참여자 간 신뢰가 담보되어야 하는바 성공적 거버넌스 구축을 위해서는 사회적 자본(social capital)이 축적되어야 함
신뢰 및 참여를 전제로 함	사회 내 신뢰가 높고, 시장 혹은 시민사회의 참여가 활발한 사회에서 성공적으로 작동함
불분명한 경계	거버넌스는 국가와 사회를 분리시키는 이분법적 사고에서 벗어나 양자가 상호작용하기 때문에 그 경계가 불분명함

 기출 OX 확인

□□□ **01** 거버넌스에서 정치적 과정은 중요하게 인식되지 않는다. 14 국가7 　　(　)

□□□ **02** 뉴거버넌스론은 계층제를 제외하고 시장과 네트워크를 조합한 방식을 활용하여 공공문제를 해결한다.
16 교행9 　　(　)

□□□ **03** 거버넌스는 정책과정에서 정부와 민간부문 및 비영리부문 간의 네트워크를 활용한다. 14 국가7(　)

정답 및 해설

구분	해설	정답
01	거버넌스는 신뢰성 및 민주성을 강조하는바 시민참여를 중요하게 생각함	×
02	거버넌스는 정부, 시민사회, 시장 간의 상호협력을 강조하는 관리방식이므로 계층제(정부)를 제외하지 않음	×
03	거버넌스는 정부, 시장, 시민사회 간 협력적 네트워크임	○

PART 01

⑨ 신공공서비스론(New Public Service)

1. 틀잡기

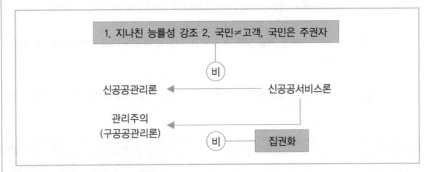

2. 의의

등장배경	• 신공공관리론에 대한 비판 : 능률성에 치우친 관리 ➡ 공공부문에 시장원리를 적용한 신공공관리론에 대한 반성. 즉, 시민을 고객으로, 조직구성원을 생산성의 수단으로 보는 제한적이고 합리적인 인간관, 성과만을 강조하는 편협성, 민주적인 정책과정의 경시 등에 대한 반발 • 구공공관리론에 대한 비판 : 집권적인 결정구조
개념	• 봉사 : 공공관료는 동료 관료와 시민들의 의견을 존중하고, 국민에 대해 '말하기'보다 '듣기', '조정'이 아닌 '봉사'의 역할에 중점을 두어야 함 • Denhardt & Denhardt(2000)에 따르면 행정서비스의 위상과 가치를 제고하기 위해서는 관료와 시민의 참여를 통해 민주적인 방식으로 행정을 운영해야 함

3. 이론적 배경

복합적인 토대 (공공선택론 제외)	민주적 시민의식이론 (시티즌십)	시민이 개인의 이익보다는 공익에 관심을 갖고 정부활동에 적극 참여
	공동체와 시민사회 모델	시민사회에 지대한 영향을 미치는 과정에 시민들의 적극적인 참여 요청
	조직적 인본주의	조직구성원을 생산성을 위한 수단으로 보는 견해에 대한 비판
	포스트모더니즘	• 다양한 가치의 중요성 강조 • 공공문제해결을 위해 다양한 참여자들의 대화를 유도

참고

신공공서비스론은 민주적 시민이론, 지역공동체와 시민사회모형, 조직인본주의, 담론이론, 비판이론, 실증주의, 해석학, 포스트모더니즘 등에 인식론적 토대를 두고 있음 (이론적 토대가 복합적임 → 단, 공공선택론 제외)

4. 신공공서비스론의 7가지 특징

방향잡기보다 봉사	• 봉사의 의미 : 공무원과 정부가 공론의 장을 형성하고 국민의 참여를 유도하는 것 • 즉, 공론의 장을 통해 공익을 도출하도록 돕는 것(토론·담론의 중재 및 통합, 타협을 관리하는 기능). 이는 시민의 선호와 필요에 대해 정부의 대응성을 보장하기 위한 정부와 공무원의 역할임
공익의 추구	• 행정에서 공익은 수단이 아닌 목적임. 즉, 신공공서비스론에서 공익은 부산물이 아닌 궁극적인 목적에 해당함 • 공익은 시민 간 담론의 결과물이며, 관료는 이러한 공익을 드러내기 위해 협상과 중재 기능을 담당함
시민의식의 강조	시민의 적극적 참여 강조
전략적인 사고	공무원의 전략적인 사고(시민과의 협력 강조)와 시민의 민주적인 행동(능동적 참여) 강조
책임성의 다양성 (다면적 책임성)	관료들은 책임성과 관련하여 헌법과 법령, 공동체 사회의 가치, 정치적 규범, 전문적인 기준, 시민의 이익 등 다양한 면을 고려해야 함 ➡ 신공공서비스론에서 책임성은 전문적, 법적, 정치적, 민주적 책임을 포함하는 광범위한 개념
고객이 아닌 시민에게 봉사	• 고객(소비자)은 정부서비스에 대한 호불호를 표현하는 수동적인 존재임 • 국민을 고객이 아니라 국정운영에 직접 참여하는 주인(시민)으로 생각해야 함
인본주의	생산성보다 사람에게 더 큰 가치를 부여함 ➡ 인간관계론 활용

 기출OX 확인

□□□ **01** 신공공서비스론에서 공무원들은 시민이 아니라 고객에 대하여 봉사하여야 한다고 본다. 16 경찰간부

( )

□□□ **02** 신공공서비스론은 전략적으로 생각하고 민주적으로 행동해야 해야 한다고 주장한다. 20 군무원7

( )

□□□ **03** 신공공서비스론은 민주적 시민의식론과 조직적 인본주의를 이념으로 한다. 22 행정사 ( )

정답 및 해설

구분	해설	정답
01	신공공서비스론에서 공무원들은 고객이 아니라 시민에 대하여 봉사하여야 함	×
02	신공공서비스론은 전략적으로 생각(관료와 시민 간의 협력 중시)하고 민주적으로 행동(시민참여 강조)해야 한다고 주장함	○
03	신공공서비스론은 민주적 시민이론, 지역공동체와 시민사회모형, 조직인본주의, 담론이론, 비판이론, 실증주의, 해석학, 포스트모더니즘 등에 인식론적 토대를 두고 있음(이론적 토대가 복합적임 → 단, 공공선택론 제외)	○

10 포스트모더니즘

틀잡기	인간사고 억압 모더니즘 ← ─비─ 포스트모더니즘 (과학성)
등장배경	• 모더니즘은 인간의 이성이나 합리적 사고를 토대로 사회를 통일적으로 설명할 수 있는 메타설화가 가능하다고 생각함 ➡ 여기서 메타이론(메타설화·거시이론)이란 사회현상을 통일적으로 설명할 수 있는 절대적 진리나 보편적 원리 또는 역사적 법칙임 • 포스트모더니즘은 모더니즘의 이러한 가정을 정면으로 부정함 ➡ 즉, 이성을 토대로 정립된 보편적 법칙 혹은 이를 토대로 만들어진 지식은 오히려 인간을 억압하고 가둔다는 것 • 이러한 상황을 벗어나기 위해서 이성 중심의 과학적 사고에서 벗어나야 함을 주장 ➡ 해방주의적 세계관
내용 (다양성 강조)	• 이성을 토대로 한 보편적인 가치를 거부하고 개별적인 가치·신념, 상대성, 다원성, 다양성, 개별적인 자아 등을 강조 • 보편적 진리보다는 시대와 상황에 따라 적용되는 진리가 다르다는 맥락의존적인 진리를 강조 • '가치의 다양성'을 중시하기 때문에 현상을 설명하는 방법으로 '은유'를 선호

📑 용어정리
• 은유: 'A = B' 형태의 문장 구조를 통해 특정 개념을 설명하는 방법

□□□ **01** 파머(farmer)가 주장한 포스트모더니티 행정이론에 따르면 관점에 따라 다양한 가능성이 허용되는 상상(imagination)보다는 과학적 합리성(rationality)이 더 중요하다. 20 지방7 ( )

□□□ **02** 포스트모더니티 이론의 진리의 기준은 맥락의존적이다. 16 서울7 ( )

□□□ **03** 포스트모더니즘은 행정의 실무는 능률적이어야 한다는 설화를 당연한 것으로 받아들인다. 07 대구9 ( )

정답 및 해설

구분	해설	정답
01	포스트모더니티 행정이론은 과학적 합리성보다는 상상(imagination)을 중시함; 상상이란 목적과 최적의 수단을 고려하는 도구적 합리성에서 벗어나서 새로운 생각과 판단을 하자는 것 → 이는 부정적으로 보았을 때 규칙에 얽매이지 않는 행정의 운영이며 긍정적으로 보았을 때 문제의 특수성을 인정하는 것임	✕
02	포스트모더니티 이론은 다양성을 강조하는바 진리의 기준이 맥락의존적임	○
03	포스트모더니즘은 '다양성'을 지향하는 바 행정의 실무는 능률적이어야 한다는 설화를 당연한 것으로 받아들이지 않음	✕

11 생태론적 접근방법 · 비교행정론 · 발전행정론

1. 생태론

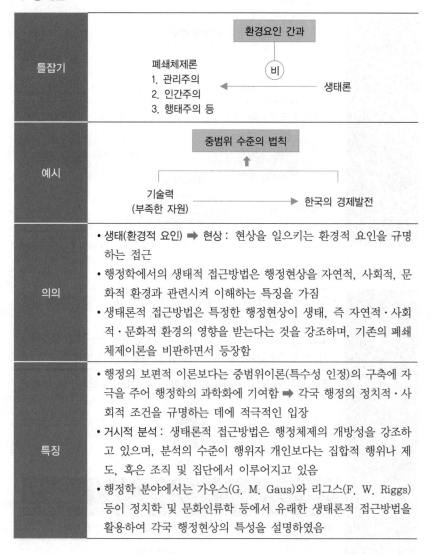

틀잡기	폐쇄체제론 1. 관리주의 2. 인간주의 3. 행태주의 등 ← 생태론 (비) [환경요인 간과]
예시	[중범위 수준의 법칙] ↑ 기술력(부족한 자원) → 한국의 경제발전
의의	• 생태(환경적 요인) ➡ 현상 : 현상을 일으키는 환경적 요인을 규명하는 접근 • 행정학에서의 생태적 접근방법은 행정현상을 자연적, 사회적, 문화적 환경과 관련시켜 이해하는 특징을 가짐 • 생태론적 접근방법은 특정한 행정현상이 생태, 즉 자연적·사회적·문화적 환경의 영향을 받는다는 것을 강조하며, 기존의 폐쇄체제이론을 비판하면서 등장함
특징	• 행정의 보편적 이론보다는 중범위이론(특수성 인정)의 구축에 자극을 주어 행정학의 과학화에 기여함 ➡ 각국 행정의 정치적·사회적 조건을 규명하는 데에 적극적인 입장 • 거시적 분석 : 생태론적 접근방법은 행정체제의 개방성을 강조하고 있으며, 분석의 수준이 행위자 개인보다는 집합적 행위나 제도, 혹은 조직 및 집단에서 이루어지고 있음 • 행정학 분야에서는 가우스(G. M. Gaus)와 리그스(F. W. Riggs) 등이 정치학 및 문화인류학 등에서 유래한 생태론적 접근방법을 활용하여 각국 행정현상의 특성을 설명하였음

2. 비교행정론

(1) 비교행정론에 대한 이해

틀잡기	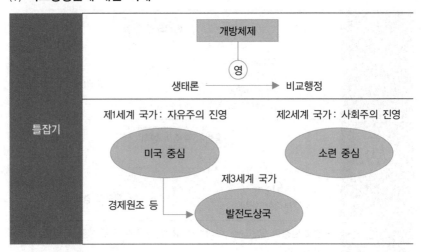

(2) 리그스의 사회삼원론

리그스의 연구질문	• 왜 선진국(미국)의 행정체제를 발전도상국 혹은 과도사회에 도입해도 경제발전이 이루어지지 않는가? • Riggs는 사회가 세 개의 과정을 거쳐서 발전한다는 것을 주장하면서, 이를 자연과학 도구인 프리즘을 활용하여 설명함
프리즘 (사랑방) 모형	☑ Riggs의 프리즘적 사회와 발전도상국 및 선진국의 문화 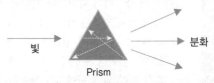

사회의 특징	융합적	프리즘적	분화적
사회체제	농업사회	개발도상국	산업사회
관료제	안방	Sala(사랑방) ➡ 사교적 모임	관청
기타	• 1차 집단 중심 (혈연) • 공사구분✕	공사구분 혼재	• 2차 집단 중심 (사회) • 공사구분 철저

3. 발전행정론

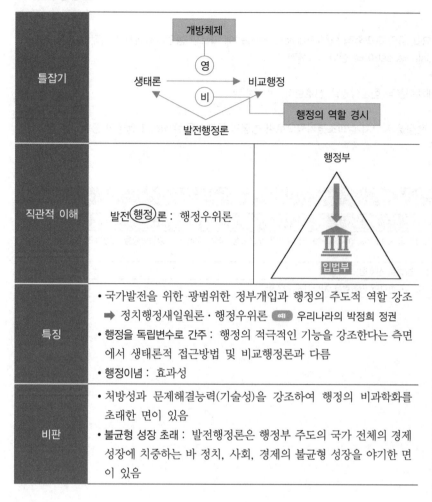

틀잡기	
직관적 이해	발전(행정)론 : 행정우위론
특징	• 국가발전을 위한 광범위한 정부개입과 행정의 주도적 역할 강조 ➡ 정치행정새일원론·행정우위론 [예] 우리나라의 박정희 정권 • 행정을 독립변수로 간주 : 행정의 적극적인 기능을 강조한다는 측면에서 생태론적 접근방법 및 비교행정론과 다름 • 행정이념 : 효과성
비판	• 처방성과 문제해결능력(기술성)을 강조하여 행정의 비과학화를 초래한 면이 있음 • 불균형 성장 초래 : 발전행정론은 행정부 주도의 국가 전체의 경제성장에 치중하는 바 정치, 사회, 경제의 불균형 성장을 야기한 면이 있음

 기출OX 확인

☐☐☐ **01** 리그스(F. W. Riggs)의 프리즘적 모형(Prismatic Model)에 따르면 농업사회에서 지배적인 행정모형을 사랑방 모형(Sala Model)이라 한다. 20 행정사 ( )

☐☐☐ **02** 생태론은 폐쇄체제론적 접근방법을 선호한다. 06 군무원9 ( )

☐☐☐ **03** 비교행정론은 행정을 지나치게 과소평가함으로써 행정의 독자성을 무시하고 행정의 종속성을 강조하였다. 16 지방7 ( )

정답 및 해설

구분	해설	정답
01	리그스(F. W. Riggs)의 프리즘적 모형(Prismatic Model)에 따르면 개발도상국에서 지배적인 행정모형을 사랑방 모형(Sala Model)이라고 함	×
02	생태론은 개방체제론적 접근방법을 선호함	×
03	비교행정론은 현상을 설명할 때 환경의 영향력을 지나치게 강조함	○

12 신제도주의

1. 틀잡기 및 예시

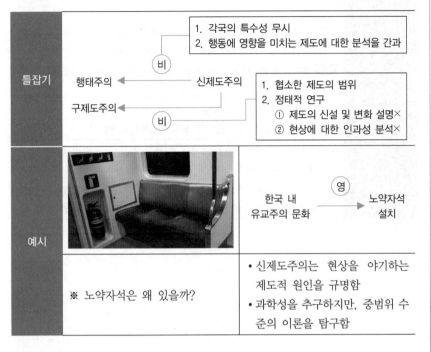

틀잡기	1. 각국의 특수성 무시 2. 행동에 영향을 미치는 제도에 대한 분석을 간과 행태주의 ← (비) ← 신제도주의 구제도주의 ← (비) 1. 협소한 제도의 범위 2. 정태적 연구 ① 제도의 신설 및 변화 설명× ② 현상에 대한 인과성 분석×
예시	한국 내 유교주의 문화 →(영)→ 노약자석 설치
	※ 노약자석은 왜 있을까?	• 신제도주의는 현상을 야기하는 제도적 원인을 규명함 • 과학성을 추구하지만, 중범위 수준의 이론을 탐구함

> 📑 용어정리
> • **중범위 수준의 이론**: 적용되는 영역이 한정된 이론

2. 특징

제도의 중요성 강조	• 제도를 중심개념으로 정책현상 등 다른 변수와 관계분석 : 중범위 수준의 과학성 추구 • 즉, 신제도주의는 원자화된 개인이 아니라 제도라는 맥락 속에서 전개되는 개인 행위에 초점을 둠
동태적 연구	• 제도의 변화에 따라 현상이 변할 수 있음을 인정 : 제도 ➡ 현상 • 제도의 신설 및 변화 등을 설명 : 신제도주의에서 제도는 독립변수일 수도 있고, 종속변수일 수도 있음 ┃예┃ 스터디그룹 구성원을 규율하는 규칙이 제대로 된 기능을 하지 못할 때 구성원끼리 합의해서 이를 바꾸는 것
넓은 제도의 범위 (공식적·비공식적 제도)	신제도주의는 규범(비공식 제도)과 규칙(공식적 제도) 등도 제도에 포함. 즉, 공식적인 통치체제, 법구조뿐만 아니라 비공식적인 제도, 규범, 관례, 문화까지 제도로 본다는 것
제도는 균형을 이루고 있음	제도가 형성되면 일정 기간 유지됨 ➡ 단, 신제도주의는 행위주체의 의도적이고 전략적인 행동이 제도에 영향을 미칠 수도 있다는 점을 인정하고 제도의 안정성보다는 제도 설계와 변화 차원에 관심을 보이고 있음

3. 신제도주의의 유형

합리선택적 신제도주의	• 이해당사자가 합리적으로 선택한 규칙 등이 이해당사자들의 행동을 제약 • **예** 합리적인 규칙을 설정해서 공유지 비극을 막는 것 → 낚시 관리 및 육성법(약칭 : 낚시관리법)을 통해 무분별한 낚시행위를 제한하는 것 **참고** 행정학 시험에서는 공공선택론, 신제도주의 경제학, 합리선택적 신제도주의가 같은 의미로 사용되고 있음
사회학적 신제도주의	• 각 나라의 문화 등이 해당 국가 국민의 행동을 제약 • **예** 유교주의 문화의 영향으로 노약자석을 설치하는 것
역사적 신제도주의	• 각 나라의 역사적 맥락 속에서 형성된 정책이나 법이 해당 국가 국민의 행동을 제약 • **예** 미국의 미시간주에서는 일요일에 자동차 매매를 하면 불법임 → 일요일에 교회에 가는 것을 중시하는 역사적 맥락 때문에 제정된 법임

기출OX 확인

□□□ **01** 신제도주의 접근에서는 제도를 공식적인 구조나 조직 등에 한정하지 않고, 비공식적인 규범 등도 포함한다. 20 국가9 (   )

□□□ **02** 사회학적 제도주의는 제도의 범위에 관습과 문화도 포함한다. 19 행정사 (   )

□□□ **03** 신제도주의는 기존의 행태주의가 시대별 정책적 차이나 다양성을 설명하지 못하는 한계를 가지고 있다는 점에 주목한다. 14 국가7 (   )

□□□ **04** 구제도주의와 신제도주의의 공통점은 제도의 개념을 동태적인 것으로 파악하면서, 국가 간 차이에 대한 설명을 시도하는 것이다. 14 국가7 (   )

□□□ **05** 신제도주의에서는 제도를 중심개념으로 정책현상 등 다른 변수들과의 관계 분석도 추구한다. 08 국가9 (   )

정답 및 해설

구분	해설	정답
01	신제도주의는 현상을 설명할 때 공식적·비공식적 제도를 모두 강조함	○
02	사회학적 신제도주의는 비공식적인 제도를 강조하는 관점임	○
03	신제도주의는 기존의 행태주의가 보편적 지식탐구에 치중한 나머지 시대별 정책적 차이나 다양성을 설명하지 못하는 한계를 가지고 있다는 점에 주목함	○
04	구제도주의는 정태적인 연구임 → 즉, 제도의 변화를 설명할 수 없음	×
05	신제도주의는 동태적인 연구를 지향하는바 제도를 중심개념으로 정책현상 등 다른 변수들과의 관계를 분석함	○

13 접근방법(Approach)

1. 접근방법의 유형

- 접근방법 : 특정 학문 분야의 연구에서 무엇을(what) 어떻게(how) 연구할 것인가에 관한 견해와 관점
- 접근방법은 '무엇을', '어떻게' 연구할 것인가에 관한 관점을 말한다는 점에서 인식론(認識論, epistemology)과 밀접하게 관련되어 있음
- 본래 사회과학에서 접근방법과 이론은 다른 개념이지만, 공무원 시험에서는 같은 의미로 사용되고 있음

<table>
<tr>
<td rowspan="2">역사적
접근</td>
<td>개념</td>
<td colspan="3">• 각 나라의 어떤 사건·기관·제도·정책 등의 역사적 기원과 발전과정을 설명하는 연구 방법
• 각종 행정제도의 성격과 그 형성에 있어서 특수성을 인식하는 수단을 제공</td>
</tr>
<tr>
<td>특징</td>
<td colspan="3">• 역사적 접근 방법은 정치·행정적 사건들의 발생(발생론적 설명) 및 전개과정을 자세하게 묘사함 → 일종의 사례 연구
• 역사적 접근방법의 논리 구조 : 특정한 사건·기관·정책 등의 기원과 발전과정을 바탕으로 행정현상의 특징을 설명</td>
</tr>
<tr>
<td rowspan="3">개체주의
·
총체주의</td>
<td rowspan="3">개념</td>
<td>구분</td>
<td>내용</td>
<td>발생가능한 오류</td>
</tr>
<tr>
<td>방법론적
개체주의</td>
<td>• 현상을 구성하고 있는 일부분에 대한 분석을 바탕으로 현상을 설명하려는 접근
• 미시적 접근 : 현상을 형성하는 개체를 통해 전체를 파악한다는 점에서 미시적 접근이라고 부르기도 함</td>
<td>• 환원주의의 오류 혹은 구성(합성)의 오류
• 예 철수는 예의가 없으니 철수가 속한 집단도 유사할 거라고 믿는 경우</td>
</tr>
<tr>
<td>방법론적
총체주의
(전체주의·
신비주의)</td>
<td>• 사회현상의 이해를 위해 전체를 분석의 대상으로 삼는 접근
• 거시적 접근 : 개체가 구성하는 전체를 기준으로 현상을 파악하려고 한다는 점에서 거시적인 접근이라고 부르기도 함</td>
<td>• 생태론적 오류 혹은 분할의 오류
• 예 유교주의 문화권에서 살아가는 사람은 공손할 거라고 믿는 것</td>
</tr>
</table>

14 행정이론 전체 틀잡기

1. 주요 행정이론 틀잡기

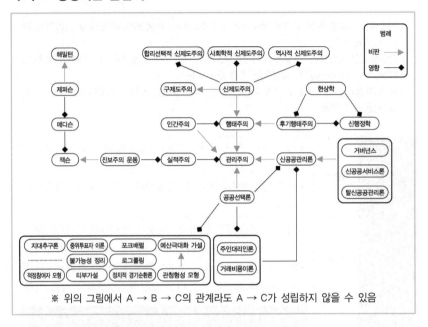

※ 위의 그림에서 A → B → C의 관계라도 A → C가 성립하지 않을 수 있음

2. 국가관리 패러다임에 대한 행정이론

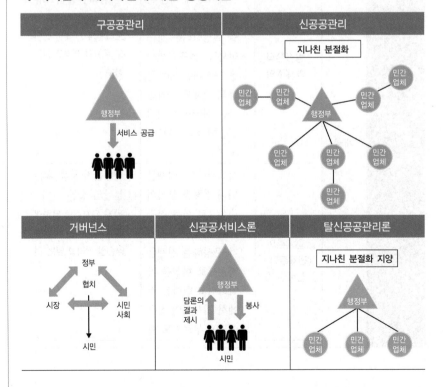

3. 폐쇄체제·개방체제 관련 행정이론

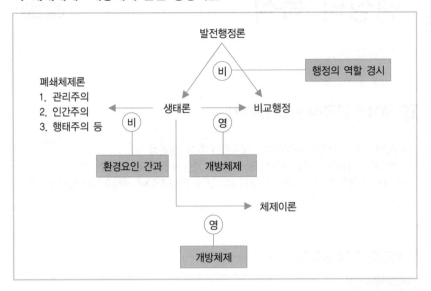

4. 행정이론의 연대표

시기(년대)	이론	특징
1880~1930초	관리주의	행정학 성립기 때의 고전적 행정이론
1930초	인간관계론	신고전적 행정이론
1930~1940	통치기능설	정치행정일원론
1945	행태주의	논리실증주의에 의한 과학적 연구
1950	생태·체제론	행정환경과의 관계를 연구한 거시이론
1960	발전행정론	개도국의 국가발전을 위한 이론
1960말	신행정학	격동기 미국사회 문제해결을 위한 이론
1970초	공공선택론	경제학적 관점으로 정부실패 연구
1980	신제도주의	개인의 행동에 대한 제도적 제약 연구
1980s	신공공관리	작고 효율적인 정부를 위한 관리방법
1990	거버넌스	정부·시장·시민사회와의 협치
2000	신공공서비스론	국민에 대한 봉사
2008	탈신공공관리론	재집권 및 재규제

Chapter 03 행정의 목적

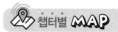

정과 행정학에 대하여
1 행정의 궁극적(본질적) 가치

1 행정의 궁극적(본질적) 가치

- 본질적 가치 : 행정이 달성하려는 궁극적인 목적·방향성
- 인생의 궁극적인 목적이 행복이듯, 행정에도 종국적인 목표가 있다는 것
- 행복이나 공익 등은 사람마다 다르게 정의할 수 있는 까닭에 가치에 대한 연구는 주관적인 성격을 띠고 있음

1. 행정의 목적 틀잡기

행정의 궁극적·수단적 가치	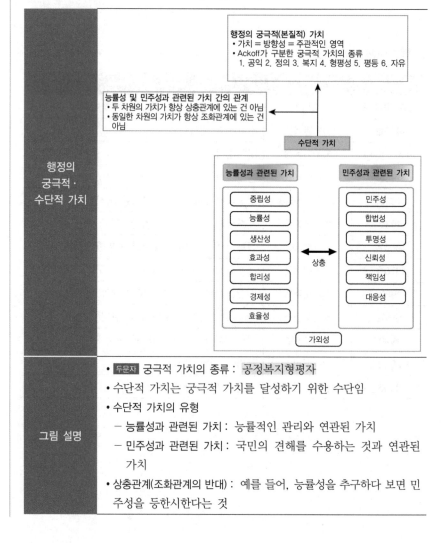
그림 설명	• 두문자 궁극적 가치의 종류 : 공정복지형평자 • 수단적 가치는 궁극적 가치를 달성하기 위한 수단임 • 수단적 가치의 유형 　- 능률성과 관련된 가치 : 능률적인 관리와 연관된 가치 　- 민주성과 관련된 가치 : 국민의 견해를 수용하는 것과 연관된 가치 • 상충관계(조화관계의 반대) : 예를 들어, 능률성을 추구하다 보면 민주성을 등한시한다는 것

66 최욱진 행정학개론

2. 궁극적 가치의 종류

(1) 공익 : 실체설과 과정설을 중심으로

실체설	틀잡기	규정 정부 혹은 관료 ──────▶ 공익 : 사회공동체를 위한 이익 • 공익의 예시 ① 전체 효용의 극대화 ② 보편적 가치 혹은 이익
	특징	• 실체설은 국가 전체에 이로움을 줄 수 있는 명백한 기준이 실체로서 존재하며(공익의 실체 인정), 이러한 기준이 공익이 되어야 한다는 학설임 • 사회공동체를 위한 이익을 정함에 있어서 사회 내 개인의 견해를 수렴할 경우 사익을 투영할 공산이 크기 때문에 정부 혹은 관료가 공익을 규정해야 함을 강조(엘리트론·개발도상국) ➡ 국민 간 토론과 합의를 거치지 않아도 사회공동체를 위한 이익이 된다면 공익에 해당한다는 것 • 실체설은 사익(각 개인의 견해)을 초월한 공동체 전체의 공익이 따로 있다고 보는 견해(집단주의적 공익관)임 ➡ 따라서 실체설에서 사회나 국가는 개인과 별개로 구별되는 존재임 • 학자 : 플라톤(철인정치), 루소(일반의지) 등
과정설	틀잡기	시민 시민 정부의 소극적 중재 ──── 사익이 포함된 견해 견해의 총합 : 공익 ※ 공익 = 국민 간 토론·합의의 결과물
	특징	• 과정설은 공익의 개념이 주관적이고 모호하기 때문에 행정의 구체적인 기준을 제공하기 어렵다고 간주함. 이에 따라 과정설은 공익을 하나의 실체로 보는 게 아니라 다수에 의해 조정, 타협되어 가는 과정이며 그 과정을 거쳐 얻은 결과로 보는 관점(다원주의·개인주의적 공익관·선진국) ➡ 공익은 다수 이익이나 사회적 약자의 이익을 포함하고 있음 • 단, 협상과 조정 과정에서 일부 세력의 영향력이 크다면 약자가 희생되는 결과를 초래할 수 있음 • 과정설은 현실에서 각 개인의 견해에 따라 공익이 변할 수 있다는 개인주의적인 공익 개념임 • 학자 : 슈버트 등

(2) 정의: 롤즈의 견해를 중심으로

틀잡기	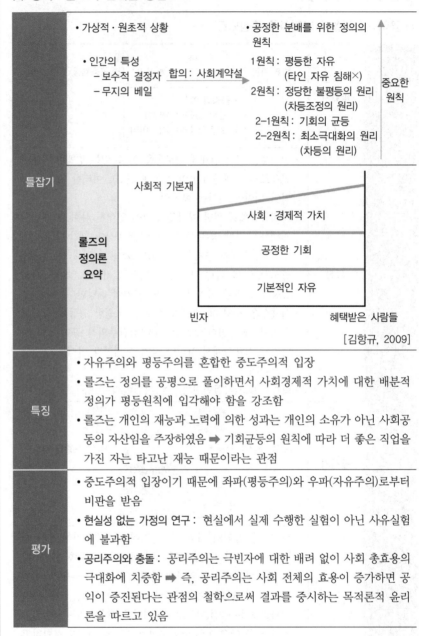
특징	• 자유주의와 평등주의를 혼합한 중도주의적 입장 • 롤즈는 정의를 공평으로 풀이하면서 사회경제적 가치에 대한 배분적 정의가 평등원칙에 입각해야 함을 강조함 • 롤즈는 개인의 재능과 노력에 의한 성과는 개인의 소유가 아닌 사회공동의 자산임을 주장하였음 ➡ 기회균등의 원칙에 따라 더 좋은 직업을 가진 자는 타고난 재능 때문이라는 관점
평가	• 중도주의적 입장이기 때문에 좌파(평등주의)와 우파(자유주의)로부터 비판을 받음 • 현실성 없는 가정의 연구: 현실에서 실제 수행한 실험이 아닌 사유실험에 불과함 • 공리주의와 충돌: 공리주의는 극빈자에 대한 배려 없이 사회 총효용의 극대화에 치중함 ➡ 즉, 공리주의는 사회 전체의 효용이 증가하면 공익이 증진된다는 관점의 철학으로써 결과를 중시하는 목적론적 윤리론을 따르고 있음

(3) 형평(공정성 · 공평성)

유형	수평적 형평	• 동일한 것은 동일하게 대우 • 자유주의자들의 입장(개인주의)으로 일반적으로 기회의 공평(개인의 능력 강조)을 강조하는 소극적 · 보수주의적 공평관
	수직적 형평	• 다른 것은 다르게 대우 • 사회주의자들의 입장(집단주의)으로 빈자와 부자의 차이 및 현세대와 차세대의 구별을 인정하고 일반적으로 결과의 공평을 강조하는 적극적 · 진보주의적 형평관
	절충적 형평	• 사회적 형평으로 불리기도 하며, 수평적 형평과 수직적 형평을 혼합한 개념 • 기회의 균등에 따른 성과 차이를 인정하면서도 빈자에 대해 기본적인 요소는 보장하는 형평관 ➡ 사회적 형평(절충적 공평)은 기회의 형평을 우선하여 적용(수평적 공평)하되, 경제적 약자를 고려하여 결과의 공평(수직적 공평)을 최종적으로 고려해야 함

(4) 자유 : 벌린(베를린)의 견해를 중심으로

유형	구분	정부의 간섭	정부관
	소극적 자유	반대	작은 정부(정부활동 축소)
	적극적 자유	찬성	큰 정부(정부활동 증대)

📑 용어정리
• **소극적 자유** : 정부의 제약과 간섭이 없는 상태 → 정부의 소극적 역할 강조
• **적극적 자유** : 정부의 간섭에 의해 무언가를 할 수 있는 상태 → 정부의 적극적 역할 강조
• 19세기 야경국가는 소극적 자유관을 강조했으나, 1930년대에 경제대공황이 발생하면서 적극적 자유관이 등장함

기출OX 확인

☐☐☐ **01** 베를린(Berlin)은 자유의 의미를 두 가지로 구분하면서, 간섭과 제약이 없는 상태를 적극적 자유라고 하고 무엇을 할 수 있는 자유를 소극적 자유라고 하였다. 13 국회8 ( )

☐☐☐ **02** 롤즈(Rawls)의 정의의 두 가지 기본원리는 특수한 사실의 유·불리 여부에 대한 판단이 불확실한 원초적 상태에서 구성원들이 합의하는 규칙 또는 원칙은 불공정할 것이라고 전제하고 있다. 11 경간
( )

☐☐☐ **03** 롤즈는 정의와 관련하여 원초적 상태에서의 인간은 최소극대화 원리(maximin)에 입각하여 규칙을 선택하는 것으로 가정한다. 10 서울7 ( )

☐☐☐ **04** 롤스(J. Rawls)의 「정의론」은 사회적으로 최소의 혜택을 받는 사람들에게 차별적 이익을 제공하는 이론적 근거를 제공한다. 18 행정사 ( )

☐☐☐ **05** 수평적 형평성이란 동등하지 않은 것을 서로 다르게 취급하는 것, 수직적 형평성이란 동등한 것을 동등하게 취급하는 것을 의미한다. 21 군무원9 ( )

☐☐☐ **06** 롤스는 개인의 재능과 노력에 의한 성과는 사회공동의 자산이 아닌 개인의 소유로 할 것을 주장하였다. 21 경정승진 ( )

☐☐☐ **07** 실체설에 의하면 공익은 사익을 초월한 것이다. 22 지방9 ( )

☐☐☐ **08** 과정설에 의하면 공익은 사익 간 갈등을 조정·타협하는 과정에서 산출되는 것이다 22 지방9 ( )

☐☐☐ **09** 실체설은 다원적 민주주의에 도움을 준다. 22 지방9 ( )

☐☐☐ **10** 플라톤(Plato)과 루소(Rousseau) 모두 공익 실체설을 주장하였다. 22 지방9 ( )

정답 및 해설

구분	해설	정답
01	베를린(Berlin)은 자유의 의미를 두 가지로 구분하면서, 간섭과 제약이 없는 상태를 소극적 자유라고 하고 무엇을 할 수 있는 자유를 적극적 자유라고 하였음	×
02	롤즈(Rawls)의 정의의 두 가지 기본 원리는 특수한 사실의 유·불리 여부에 대한 판단이 불확실한 원초적 상태에서 구성원들이 합의하는 규칙 또는 원칙은 공정할 것이라고 전제하고 있음	×
03	롤즈의 정의론에서 인간은 위험회피적인 성향을 띠므로 최소극대화 원리(maximin)에 입각하여 규칙을 선택함	○
04	선지는 최소극대화 원리에 대한 설명임	○
05	수직적 형평성이란 동등하지 않은 것을 서로 다르게 취급하는 것, 수평적 형평성이란 동등한 것을 동등하게 취급하는 것을 의미함	×
06	롤스는 개인의 재능과 노력에 의한 성과는 개인의 소유가 아닌 사회공동의 자산임을 주장하였음 → 기회균등의 원칙에 따라 더 좋은 직업을 가진 자는 타고난 재능 때문이라는 것	×
07	실체설은 집단 전체를 위한 이익이 공익이라고 보는 학설임; 이때 집단 전체를 위한 이익은 개인의 이해관계를 초월해서 존재함	○
08	과정설은 사회 내 각 개인의 이해관계를 조정한 결과가 공익이라고 보는 관점임	○
09	민주주의는 국민의 견해를 수용하므로 과정설과 관련된 개념임	×
10	플라톤(Plato)과 루소(Rousseau)는 실체설과 연관된 학자이며, 슈버트는 과정설을 대표하는 학자임	○

행정의 구조 : 관료제

1 관료제의 정의와 특징

1. 의의

개념	목적을 합리적으로(능률적으로) 달성하기 위해 공식적인 법에 의해 운영되는 삼각형 모양의 계층제적 조직구조로서 공적조직에 한정되지 않고 대기업 등의 민간조직에도 적용됨. 즉, 공·사를 초월하여 존재하는 합리적인 조직구조(현대 사회의 보편적인 조직모형) ➡ 베버는 서양사회가 동양사회보다 빨리 발전한 이유를 근대관료제에서 찾고 있음
기타	관료제(bureaucracy)는 관료(bureaucrat)가 통치(cracy)한다는 의미로서 왕정이나 민주정(民主政)에 비해 관료가 국가정치와 행정의 중심역할을 수행한다는 의미를 내포하고 있음

2. 특징

베버의 이념형 관료제에 대하여
• "몇몇 사람을 제외하고, 거의 모든 사람은 관료제의 지배로부터 벗어나지 못할 것이다."
  – Max Weber
• 위에서 언급한 관료제 특성은 베버의 이념형 관료제에 대한 내용임 → 학자가 제시하는 개념의 이상적인 특징을 지닌 형태로서 이념형과 똑같은 특징을 지니는 실체는 현실에서 존재하지 않음. 단지 이념형을 통해 이념형과 어느 정도 가까운지 혹은 그렇지 않은지를 파악할 수 있음

(1) 틀잡기

① 관료제에 대한 직관적 이해1 : 삼각형 모양(피라미드)의 계층제적 조직구조

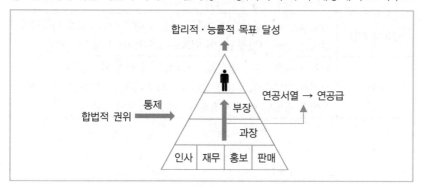

② 관료제에 대한 직관적 이해 2

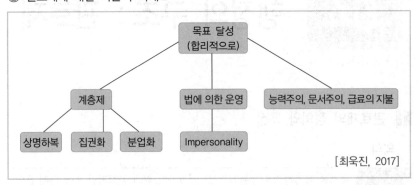

[최욱진, 2017]

(2) 관료제 특징에 대한 설명

구분	내용
상명하복	상층부에 있는 상관이 많은 의사결정권을 바탕으로 부하에게 명령하면 부하는 이를 따르고 복종해야 함
집권화	관료제는 집권적인 의사결정구조(조직 상층부에 의사결정권이 집중되어 있는 상태)를 지니고 있음
분업화	• 수직적 분업화 : 조직의 상층에 있는 사람과 하층에 있는 사람의 역할을 다르게 규정함 • 수평적 분업화 : 같은 계층 내에서 각 부서의 업무를 다르게 배정함
법에 의한 운영	이념형 관료제는 조직 내 합리적인 규칙에 근거해서 조직을 운영함
Impersonality (비정의성·몰인정성 등)	개인적인 감정에 따라 업무를 처리하지 않는 것
능력주의	• 관료는 시험 또는 자격증 등에 의해 공개적으로 채용됨 ➡ 실적주의적 성격 • 따라서 전문지식과 기술을 가진 관료가 직무를 담당하게 됨
문서주의	• 업무의 처리는 구두가 아니라 공식적 규칙이 명시된 문서로 하는 것 • 단, 문서주의가 지나치게 심화될 경우 불필요한 규칙이 많은 상태인 번문욕례가 나타날 수 있음
급료의 지불	관료제는 조직구성원이 수행한 노동의 대가로서 급료를 지불하며, 급여는 연공급(연공서열에 기초한 급여체계)의 성격을 지님
기타	관료의 채용기준은 전문적·기술적 능력(실적주의 성격)이며, 관료로서의 직업은 잠정적인 것이 아니라 일생동안 종사하는 항구적인 생애의 직업임 ➡ 공무원의 겸직을 허용하지 않음

2 관료제의 역기능(병리)

1. 관료제의 역기능

(1) 틀잡기

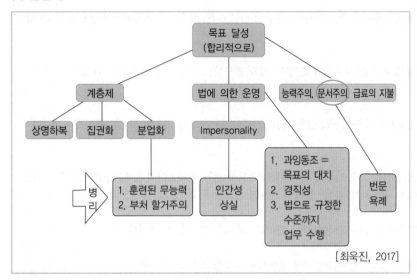

[최욱진, 2017]

(2) 관료제의 역기능

훈련된 무능	조직의 한정된 부분 속에서 정해진 일만 반복한 결과 발생한 무능력을 의미함 ➡ 분업화로 인해 어느 정도의 전문성은 생기지만 그 외의 일은 문외한이 된다는 것
부처할거주의	• 분업화로 인해 생긴 각각의 부서가 조직 전체의 이해관계를 고려하지 않고 자기 부서의 이익만을 추구하는 현상 • 한편, Selznick(셀즈닉)은 조직의 통제를 위한 권한위임과 전문화(분업화)가 할거주의를 초래한다고 주장(Selznick 모형)
과잉동조 (목표의 대치)	• 법은 관료제를 운영하는 근간이므로 조직구성원은 법을 철저하게 준수함 • 그러나 조직을 규율하는 규칙에 과도하게 집착할 경우 조직의 목적을 망각하는 목적의 대치현상이 발생
인간성 상실	철저하게 조직의 법을 준수하는 건 이상적인 조직구성원의 모습임. 그러나 이로 인해 '정이 없는' 무정한 사람(부품화)으로 변할 수 있음
번문욕례 (형식주의)	지켜야 할 규칙이 너무 많아서 행정의 능률이 떨어지는 현상
무사안일주의	• 법으로 규정한 수준까지만 일을 하려는 태도 ➡ 굴드너(Gouldner) 모형 • 상관 견해에 대한 무비판적인 수용 : 상관의 권위에 의존하는 경향으로써 특정 행동에 대한 원인을 상관의 명령으로 규정하는 것

 기출OX 확인

□□□ **01** 베버(Weber)의 관료제 모형은 계층제의 원리를 근간으로 한다. 15 국가7 ( )

□□□ **02** 베버(Weber)의 관료제에서 관료는 객관적·중립적 입장보다는 민원인의 입장에서 판단하고 결정한다. 17 국가7 추가 ( )

□□□ **03** 베버(Weber)의 관료제 이론에서 보수를 받지 않고 봉사하는 사람은 관료라고 볼 수 없다. 13 지방7 ( )

□□□ **04** 베버가 제시한 관료제에서 구성원의 임무수행은 인격성(personality)과 비합리성이 중시된다. 20 행정사 ( )

□□□ **05** 베버(Weber)는 정당성을 기준으로 권위의 유형을 전통적 권위, 카리스마적 권위, 법적·합리적 권위로 나누었는데, 근대적 관료제는 법적·합리적 권위에 기초를 두고 있다고 주장한다. 15 국가7 ( )

□□□ **06** 계층제에서 근무하는 관료는 봉사대상인 국민에게 책임을 져야 한다. 13 지방7 ( )

□□□ **07** 이상적인 관료제는 정치적 전문성에 의해 충원되는 제도를 갖는다. 14 서울7 ( )

정답 및 해설

구분	해설	정답
01	베버의 관료제는 계층제를 통한 상명하복을 강조함	○
02	베버(Weber)의 관료제에서 관료는 민원인의 입장보다는 법이나 규칙에 따라 판단하고 결정함	×
03	베버의 관료제는 구성원에게 급료를 제공하는 것을 원칙으로 함	○
04	베버가 제시한 관료제에서 구성원의 임무수행은 비인격성(Impersonality)과 합리성이 중시됨	×
05	근대적 관료제는 합법적 권위, 즉 규칙을 통해 조직을 규율함	○
06	계층제에서 근무하는 관료는 명령계통에 따라 움직이는 바 상관에게 책임을 져야 함	×
07	이상적인 관료제는 정치적인 전문성(정당에 대한 충성)이 아니라 기술적 전문성에 의해 관료를 충원함	×

Chapter 05 행정과 환경

1 정부와 시장

1. 틀잡기

챕터별 MAP

행정과 환경
1 정부와 시장

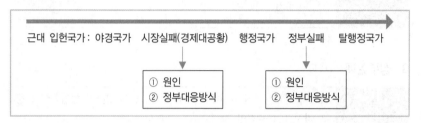

근대 입헌국가 : 야경국가 시장실패(경제대공황) 행정국가 정부실패 탈행정국가

① 원인
② 정부대응방식

① 원인
② 정부대응방식

2. 시장실패

- 시장은 완전경쟁조건이 충족될 경우 가격이라는 보이지 않는 손에 의한 조정을 통해 효율적인 자원배분을 달성할 수 있음(완전경쟁시장 = 완벽한 시장)
- 그러나 완전경쟁시장은 그 전제조건의 비현실성과 불완전성으로 인해 실패할 수 있으며, 이러한 시장실패의 요인으로는 공공재의 존재, 외부효과의 발생, 정보의 비대칭성 등이 제시되고 있음

개념	• 시장이 효율적인 자원배분에 실패한 상황 • 시장실패 요인은 크게 미시적 실패요인과 거시적 실패요인으로 구분되는데, 일반적으로 시험에서 다루는 내용은 미시적 시장실패 요인임 　－ 두문자 미시적 시장실패 요인 : 시험공부는 외롭고 독하게 　－ 거시적 시장실패 요인 : 사회 내 개인소득의 불평등, 실업, 물가 상승 등
원인과 정부의 대응	공공재 → 비배재성으로 인한 무임승차 → 시장공급× → 공적공급 • 외부경제(남 좋은 일) → 과소공급 → 공적 유도 • 외부불경제(나만 좋은 일) → 과다공급 → 공적 규제 시험 공부는 외롭고 독하게 • 독점 → 판매자의 가격왜곡 → 공적 공급 혹은 공적 규제 • 과점(불완전 경쟁) → 판매자의 가격 왜곡 → 공적 규제 불완전한 정보 → 판매자의 가격 왜곡 → 공적 유도 혹은 공적 규제

원인/대응	공적 공급 (직접 공급)	공적 유도 (보조금)	정부 규제 (공적 규제)
공공재 공급	○		
불완전한 정보		○	○
외부경제		○	
외부불경제			○
독점	○		○
과점			○

원인과 정부의 대응 (요약)

3. 정부실패

개념

시장의 비효율적인 자원배분을 보정하기 위해 정부가 개입했으나 정부 역시 비효율적인 자원배분을 초래하는 것

원인과 정부의 대응

내부성: 정부의 사익추구 → 민영화

1. 권력의 편재(분배적 불평등): 정부권력을 활용한 특혜나 남용에 의해 분배적 불평등이 나타나는 현상
2. 정부개입방법: 민영화 혹은 규제완화 → 권민규

정부 내 파 권 비²

1. X비효율성: 생산과정에서 발생하는 낭비현상
2. 정부개입방법: 민영화, 보조금 삭감, 규제완화 → X민보규

1. 비용과 편익의 괴리현상: 정책으로 인한 비용부담자와 편익을 누리는 수혜자가 분리되는 현상
2. 종류
   ① 거시적 절연(기업가 정치): 소수 비용·다수 편익 → 비용을 부담하는 소수가 정부에게 바로 로비(지대추구) → 정부포획
   ② 미시적 절연(고객 정치): 다수 비용·소수 편익 → 편익을 누리는 소수가 정부에게 로비(지대추구) → 정부포획
3. 정부개입방법: 민영화

1. 파생적 외부효과: 정부가 만들어낸 부정적 외부효과
2. 정부개입방법: 보조금 삭감 혹은 규제완화 → 파보규

참고
- X비효율성은 '독점 → 도덕적 해이 → X비효율성'의 과정을 거쳐 발생하기 때문에 독점 및 도덕적 해이도 정부실패의 원인으로 보는 경우도 있음
- 비용과 편익의 절연은 지대추구를 야기하고 지대추구는 정부포획을 일으키는바 '지대추구'를 정부실패원인으로 보는 견해도 있음

원인/대응	민영화	정부보조삭감	규제완화
사적목표설정	○		
비용과 편익의 절연	○		
X비효율성	○	○	○
파생적 외부효과		○	○
권력의 편재	○		○

원인과 정부의 대응 (요약)

※ 권민규·파보규·X민보규는 두문자로 암기하고 나머지 정부실패 원인에 대한 정부대응 방식은 '민영화'로 공부할 것

📒 기타 : 지대추구와 포획

• **지대** : 토지소유자가 그 토지의 사용자로부터 징수하는 화폐 및 기타의 대가 → 지대추구행위에서 '지대'는 정부의 정책에서 발생하는 이익 혹은 특혜를 뜻함
• **지대추구** : 각 경제주체가 지대를 얻기 위해 정부를 상대로 경쟁을 벌이는 행위 → 정부에게 로비하는 것
• **포획** : 정부가 특정인의 지대추구, 즉 로비에 포섭되어 그들에게 특혜를 제공하는 현상

PART 01

 기출OX확인

☐☐☐ **01** 공공재의 공급은 시장실패 원인에 해당한다. 22 행정사 　　　　　　　　　　(　)

☐☐☐ **02** 비용과 편익의 괴리는 시장실패 원인에 해당한다. 17 행정사 　　　　　　　(　)

☐☐☐ **03** 독과점은 시장실패 원인에 해당한다. 17 행정사 　　　　　　　　　　　　(　)

☐☐☐ **04** 내부조직목표와 사회적 목표의 괴리는 시장실패 원인에 해당한다. 20 행정사 　(　)

☐☐☐ **05** 불완전한 경쟁은 시장실패의 원인이다. 19 행정사 　　　　　　　　　　　(　)

☐☐☐ **06** X비효율성은 과열된 경쟁에서 나타나는 정부의 과다한 비용발생을 의미한다. 17 국가9 　(　)

☐☐☐ **07** 정부실패의 원인 중 권력의 편재에 대한 대응방안으로는 정부보조삭감, 규제완화 등이 있다. 09 서울7
　　　　　　　　　　　　　　　　　　　　　　　　　　　　　　　　　　(　)

☐☐☐ **08** 정부실패의 요인 중 내부성은 관료들이 자기 부서의 이익 혹은 자신의 사적 이익에 집착함으로써 공익
을 훼손하게 되는 경우를 의미한다. 20 국회8 　　　　　　　　　　　　　　(　)

☐☐☐ **09** 외부효과, 독과점, 공공재의 존재, 불완전한 정보 등은 시장실패 원인에 해당한다. 21 국가9 (　)

정답 및 해설

구분	해설	정답
01	공공재는 무임승차자 문제를 야기하므로 시장에서 공급할 수 없으므로 시장실패 원인에 해당함	○
02	비용과 편익의 괴리는 정부실패 원인에 해당함	×
03	독과점은 판매자의 가격 왜곡을 발생시키므로 시장실패 원인에 해당함	○
04	내부조직목표와 사회적 목표의 괴리, 즉 정부조직의 사익추구 현상은 정부실패 원인에 해당함	×
05	불완전한 경쟁, 즉 소수 기업의 시장 점유는 시장실패의 원인임	○
06	X비효율성은 경쟁이 부족한 상태에서 나타나는 낭비현상임	×
07	정부실패의 원인 중 권력의 편재에 대한 대응방안으로는 민영화, 규제완화 등이 있음 ※ 두문자: 권민규	×
08	내부성은 정부의 사익추구현상을 의미함	○
09	※ 시장실패 원인 두문자: 시험공부는 외롭고 독하게!	○

Chapter 06 정부관 : 큰 정부와 작은 정부

1 시대 및 이념의 구분에 따른 정부관

1. 틀잡기

챕터별 MAP

정부관 : 큰 정부와 작은 정부
1 시대 및 이념의 구분에 따른 정부관
2 정부의 규모 변화와 작은 정부론

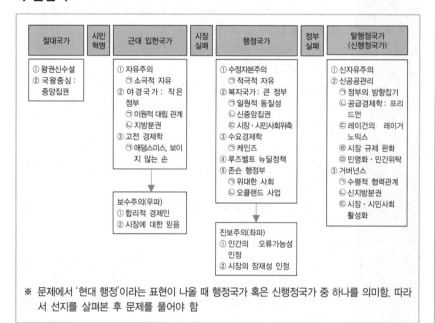

※ 문제에서 '현대 행정'이라는 표현이 나올 때 행정국가 혹은 신행정국가 중 하나를 의미함. 따라서 선지를 살펴본 후 문제를 풀어야 함

2. 그림에 명시된 용어정리

절대국가	왕권신수설 : 왕권은 신이 부여한 권리라는 뜻으로 국왕 중심 통치의 논거로 활용됨 ➡ 중앙정부에 모든 권한이 집중됨

입헌국가 (작은 정부)	• 자유주의 : 정부는 시장이나 시민사회의 자유를 침해하면 안 된다는 정치철학
	   − 소극적 자유 : 정부의 소극적 역할을 강조하는 자유관
	 • 야경국가(작은 정부) : 국가는 외적의 방어, 국내치안의 유지, 개인의 자유와 사유재산에 대한 침해의 배제 등 필요한 최소한의 임무를 수행하여야 한다고 보는 자유방임주의에 근거한 국가 내지 국가관 ➡ 최소의 정부가 최선의 정부
	   − 이원적 대립관계 : 정부는 시장·시민사회·지방과의 관계에 거의 개입하지 않음
	   − 지방분권 : 지방정부의 자치권을 인정하는 통치체계

	• 고전 경제학 : 애덤 스미스 보이지 않는 손 　－ 애덤 스미스는 정부개입이 없어도 합리적 개인 간 교환관계에 따 　　라 시장 내 효율적 자원배분이 가능하다는 것을 주장함 　－ 보이지 않는 손 : 합리적 개인 간 교환관계가 지속되면서 형성되 　　는 자동가격조절장치
행정국가 (큰 정부)	• 수정자본주의 : 효율적인 자원배분을 위해 정부의 시장개입을 인정 하는 관점 　－ 적극적 자유 : 정부의 적극적 역할을 강조하는 자유관 • 복지국가(큰 정부) : 시장실패로 인한 문제를 해결하기 위해 많은 정 부 활동을 찬성하는 국가관 　－ 일원적 동질성 : 중앙정부의 활동 증대로 인해 시장·지방정부· 　　시민사회의 위축 　－ 신중앙집권 : 지방분권을 인정하되, 사회문제 해결을 위한 중앙 　　정부의 주도적 역할을 강조하는 통치체계
	• 케인즈 수요경제학 　－ 정부가 일자리 창출을 위해 공공사업 추진 ➡ 노동자 고용 및 임 　　금 증가 ➡ 노동자의 지출·소비↑ ➡ 기업의 투자 상승 ➡ 경제 　　활성화 및 세수증가 • 루즈벨트 행정부의 뉴딜정책 : 경제공황을 극복하기 위한 일자리 창 출 정책 • 존슨 행정부 　－ 존슨의 위대한 사회 : 복지정책을 통해 빈민이나 실업자를 지원하 　　려는 국가의 슬로건 ➡ 최대의 봉사를 최선의 정부로 인식 　－ 존슨의 오클랜드 사업 : 경제공황을 극복하기 위한 일자리 창출 　　정책
탈행정국가 (작은 정부)	• 신자유주의 　－ 시장실패의 해결사 역할을 해오던 정부가 오히려 문제의 원인이 　　라는 인식을 바탕으로 다시 시장을 통한 사회문제 해결을 강조하 　　며 '작은 정부'를 추구하는 정치철학 　－ 정부의 민간부문에 대한 간섭과 규제를 합리적으로 축소·조정 　　해야 한다는 입장에서 규제 완화, 민영화 등을 강조함 • 신공공관리 : 작고 능률적인 정부를 추구하는 국가관리 패러다임 　－ 공급경제학 : 프리드먼 　　ⅰ) 수요에서 공급(생산성)을 중시하는 관점으로 정책을 전환하 　　　　자는 것 ➡ 레이건이 1980년 대통령 선거에서 처음 사용한 　　　　표현 　　ⅱ) 공급경제학의 내용 : 개인 및 기업의 이윤에 대한 세율 인하, 　　　　투자수익에 대한 세율 인하 ➡ 개인의 소득 및 자본의 축적↑ 　　　　➡ 근로의욕 고취 및 생산성 향상 ➡ 경제활성화 및 세수증가

- 레이건의 레이거노믹스 : 프리드먼의 공급경제학에 기초해서 기업에 대한 세금감면을 강조하는 정책 기조
- 거버넌스 : 정부·시장·시민사회 간 협치체계 ➡ 신공공관리를 비판하면서 등장함
  - 수평적 협력관계 : 국가관리에 있어서 정부·시장·시민사회 간 파트너십을 유지하는 것
  - 신지방분권 : 정부 간 협력 등을 강조하는 통치체계

3. 보수주의와 진보주의

비고	보수주의(우파)	진보주의(좌파)
인간관	합리적·이기적 경제인	인간의 오류가능성 인정
가치관	• 소극적 자유 강조 • 교환에 기초한 정의 : 기회의 평등 실현 • 경제적 자유 강조 • 결과의 평등 경시	• 적극적 자유 강조 • 배분적 정의 중시 : 결과의 평등
정부와 시장에 대한 관점	• 자유시장에 대한 믿음 • 정부에 대한 불신	• 시장의 잠재성 인정 • 시장에 대한 맹신× : 시장실패에 대한 정부의 수정
선호하는 정책	• 빈자에 대한 지원 선호× • 경제적인 규제 완화·시장 중심의 정책 • 조세감면 혹은 완화	• 소외집단을 위한 정책 • 공익을 위한 정부의 규제 인정 • 조세의 증대를 통한 소득의 재분배

② 정부의 규모 변화와 작은 정부론

1. 정부의 규모변화를 설명하는 이론

(1) 틀잡기

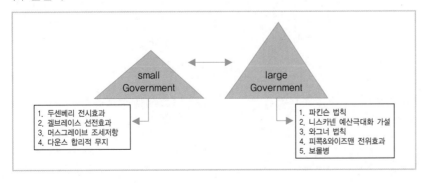

(2) 정부팽창이론

파킨슨 법칙	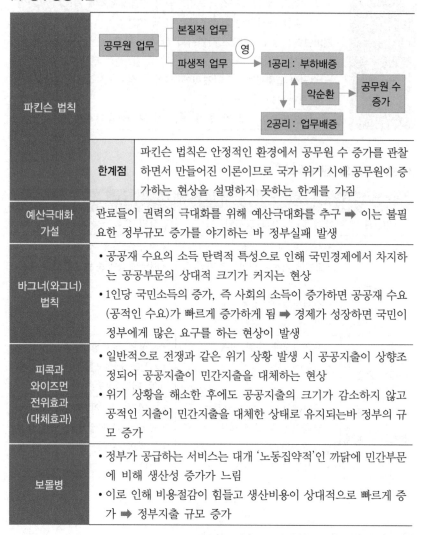	
	한계점	파킨슨 법칙은 안정적인 환경에서 공무원 수 증가를 관찰하면서 만들어진 이론이므로 국가 위기 시에 공무원이 증가하는 현상을 설명하지 못하는 한계를 가짐
예산극대화 가설	관료들이 권력의 극대화를 위해 예산극대화를 추구 ➡ 이는 불필요한 정부규모 증가를 야기하는 바 정부실패 발생	
바그너(와그너) 법칙	• 공공재 수요의 소득 탄력적 특성으로 인해 국민경제에서 차지하는 공공부문의 상대적 크기가 커지는 현상 • 1인당 국민소득의 증가, 즉 사회의 소득이 증가하면 공공재 수요(공적인 수요)가 빠르게 증가하게 됨 ➡ 경제가 성장하면 국민이 정부에게 많은 요구를 하는 현상이 발생	
피콕과 와이즈먼 전위효과 (대체효과)	• 일반적으로 전쟁과 같은 위기 상황 발생 시 공공지출이 상향조정되어 공공지출이 민간지출을 대체하는 현상 • 위기 상황을 해소한 후에도 공공지출의 크기가 감소하지 않고 공적인 지출이 민간지출을 대체한 상태로 유지되는바 정부의 규모 증가	
보몰병	• 정부가 공급하는 서비스는 대개 '노동집약적'인 까닭에 민간부문에 비해 생산성 증가가 느림 • 이로 인해 비용절감이 힘들고 생산비용이 상대적으로 빠르게 증가 ➡ 정부지출 규모 증가	

기출OX 확인

□□□ **01** 신공공관리론은 작은 정부를 적극적으로 옹호하는 관점이다. 20 지방9 ( )

□□□ **02** 조세 감면 확대는 진보주의에서 선호하는 정책이다. 20 군무원9 ( )

□□□ **03** 보수주의자는 기본적으로 자유시장을 불신하지만 정부를 신뢰한다. 17 교행 ( )

□□□ **04** 1930년대 대공황을 겪으면서 최소의 정부가 최선의 정부라는 신념이 중요시되었다. 17 교행 ( )

□□□ **05** 하이에크(Hayek)는 『노예의 길』에서 시장실패를 비판하고 큰 정부를 강조하였다. 22 국가9 ( )

□□□ **06** 파킨슨 법칙(Parkinson's Law)에 따르면 공무원의 규모는 업무량에 상관없이 증가한다. 21 경찰간부
( )

□□□ **07** 전위효과는 사회혼란기에 공공지출이 상향 조정되며 민간지출이 공공지출을 대체하는 현상이다.
09 국가7 ( )

정답 및 해설

구분	해설	정답
01	신공공관리론은 작고 능률적인 정부를 지향함	○
02	진보주의 정부는 정부의 규제와 활동을 증대하는 정부관에 해당함; 따라서 진보주의 정부에서는 조세 감면이 이루어지는 게 아니라 더 많은 조세를 거두고(정부규제 강화) 이를 바탕으로 소득재분배와 같은 소수민족의 기회 확대를 지향함	×
03	보수주의자는 정부의 지나친 개입을 지양하는바 시장을 신뢰하고 정부를 불신함	×
04	경제대공황을 겪으면서 작은 정부의 한계점이 드러나게 되었고, 이에 따라 큰 정부(최대의 봉사를 최선의 정부로 인식)가 등장함 ※ 최소의 정부가 최선의 정부라는 표현은 19세기 입법국가의 정부관을 나타냄	×
05	하이에크는 신자유주의의 아버지이므로 작은 정부를 강조하는 입장임	×
06	파킨슨 법칙(Parkinson's Law)에 따르면 공무원의 규모는 중요한 업무량에 상관없이 증가함	○
07	전위효과는 사회혼란기에 공공지출이 상향 조정되며 공공지출이 민간지출을 대체하는 현상이다.	×

시작!
최욱진
행정학

PART

02

정책학

Chapter

01

정책학의 기초

1 정책의 의의와 유형

1. 정책학, 그리고 정책

(1) 정책학의 성립

정책학	정책을 연구하는 학문
등장배경	정책학은 라스웰(H. Lasswell)이 정책지향(Policy Orientation, 1951)을 발표하면서 출발
기타	정책학 연구는 1940년대 미국의 정치학과 행정학에서 유행하던 행태주의 연구로 인해 주목받지 못함 ➡ 정책학 연구는 1960년대 후기행태주의의 영향으로 인해 다시 등장하게 됨

2. 정책의 유형

학자별 정책유형	Lowi(로위) ➡ 로재분규성	분배정책, 규제정책, 재분배정책, 구성정책
	Ripley & Franklin (리플리와 프랭클린)	분배정책, 경쟁적 규제정책, 보호적 규제정책, 재분배정책
	Almond & Powell(알몬드와 포웰) ➡ 알상추	분배정책, 규제정책, 추출정책, 상징정책
	Salisbury(솔리스버리) ➡ 살자	분배정책, 규제정책, 재분배정책, 자율규제정책

3. 로위의 정책유형론(정책유형 ➡ 현상) : 두문자 **로재분규성**

(1) 각 정책유형과 정책유형별 발생하는 현상

구분	정의	갈등 여부	현상
재분배정책	부의 이전	○ (부자와 빈자)	• 계급대립적 성격 • 제로섬게임(부자와 빈자) • 엘리트주의적 결정(미국)

분배정책	특정 지역·집단에 편익 배분	× (비용부담자와 수혜자)	• 편익을 취하려는 행동발생
			  − 로그롤링·포크배럴 등
			  − 편익을 얻기 위한 안정적인 연합형성
			• 안정적인 집행가능 ➡ 집행을 둘러싼 이념적 논쟁의 정도가 낮음
			• 다양한 정책분야별로 존재
			• 다른 정책에 비해 작은 정부에 대한 요구와 압력의 정도가 낮음

규제정책	특정 지역·집단의 자유 제한	○ (규제자와 피규제자)	• 강제력 ○ • 주로 법률의 형태를 띠며 규제자에게 자율성 ○ • 제로섬게임(수혜자와 피해자) ➡ 환경오염규제 • 다원주의적 결정(미국)
구성정책	• 헌정수행에 필요한 정부(체제)의 구조·기능·운영규칙의 변경에 대한 정책 • 체제정책·입헌정책		• 대외적 가치 배분에는 큰 영향이 없음 • 대내적으로는 조직 내 구성원 간 경쟁으로 인해 게임의 규칙 제정 − 게임의 규칙 : 조직구성원 간 경쟁의 결과로 제정된 규칙 • 안정된 정치체제에서 유용성 ↓

(2) 각 정책에서 발생하는 현상에 대한 용어정리

구분			현상
재분배 정책	계급대립적 성격		• 부의 이전을 도모하는 과정에서 손해를 보는 부자의 저항으로 인해 가진 자와 빈자의 갈등이 발생 • 재분배정책은 전국에 있는 모든 부자에게 영향을 미치는 까닭에 정책유형 중 가장 큰 갈등이 발생함 • 따라서 국민적 공감대를 형성(재분배의 필요성인지)할 때 정책을 형성할 수 있음
	제로섬게임 (부자와 빈자)		부자가 손해를 보는 만큼 빈자는 이익을 얻음
	엘리트주의적 성격(미국): 소수가 정책결정 주도		재분배정책은 정책과정에서 큰 저항을 야기하므로 정부 수뇌부의 설득과 판단·관심·국정철학(이데올로기) 등이 중요하게 작용함
분배 정책	편익을 얻으려는 행동발생	로그롤링 (log-rolling)	의회에서 이권과 관련된 법안을 해당 의원들이 서로에게 이익이 되도록 협력하여 통과시키거나, 특정 이익에 대한 수혜를 대가로 상대방이 원하는 정책에 동의해 주는 방식으로 이루어짐 ➡ 표거래·담합투표 등으로 번역할 수 있음
		포크배럴 (pork-barrel)	• 특정 배분정책에 관련된 사람들이 (이익집단 혹은 의원 등) 그 혜택을 서로 나눠 가지려고 노력하는 현상 • 돼지구유통정치·나눠먹기식 다툼 등으로 번역할 수 있음
		안정적 연합형성	• 편익을 얻기 위한 협력적 네트워크 형성 **예** 로그롤링·철의 삼각 등 – 철의 삼각모형은 '정책참여자와 참여자 간 관계' 섹션에서 다룸
	안정적 집행		비용을 부담하는 비용부담자가 분산(비용부담자의 집단행동 딜레마 발생)되어 있으므로 집행을 둘러싼 이념적 논쟁의 정도가 낮음
	다양한 정책 분야별로 존재		• 정책내용이 세부 단위로 구분되고 각 단위는 다른 단위와 별개로 처리될 수 있음 ➡ 편익을 제공하는 정책이 다양한 형태로 존재한다는 것 • **예** 건설분야, 교육분야 등 다른 정책에 비해 종류가 다양함
	작은 정부에 대한 압력↓		편익을 누리는 세력은 특정되어 있고, 비용부담자는 분산된 까닭에 정책에 대한 저항이 거의 없음

규제 정책	강제력 ○	국민의 자유를 제한하는 성격을 지니므로 강제성을 띰
	주로 법률의 형태를 띠며 규제자에게 자율성 ○	• 국민의 자유를 제한하려면(의무를 부과하려면) 법률에 기초해야 함 • 아울러 정부는 정책을 집행하는 과정에서 환경의 복잡성으로 인해 어느 정도의 자율성을 지닐 수 있음 예 경찰의 음주운전 단속 등
	제로섬게임 (수혜자와 피해자) ➡ 환경오염규제	피규제자가 손해를 보는 만큼 수혜자는 이익을 얻음
	다원주의적 결정(미국) : 다수가 정책결정주도	특정 기업의 활동으로 인한 피해자가 많을 때 다수의 피해자가 정책결정과정을 주도할 수 있음
구성 정책	대외적 가치 배분에는 큰 영향이 없음	모든 국민을 대상으로 하면서 국가의 시스템 설계와 연관된 정책이므로 대외적인 가치배분에는 큰 영향이 없음 ➡ 따라서 정부는 권위적으로(일방적인) 결정을 내릴 수 있음
	대내적으로는 조직 내 구성원 간 경쟁으로 인해 게임의 규칙 제정	예를 들어, 부처 간 통합 등이 이루어질 때 자기 부처의 이해관계를 반영한 규칙이 제정될 수 있다는 것
	안정된 정치체제에서 유용성↓	국가의 체제가 안정된 상황에서는 국가질서에 대한 변동이 미약하므로 구성정책의 중요성이 크게 인식되지 않음

(3) 각 정책의 예시

재분배 정책	계층간의 소득을 재분배하여 소득격차를 해소하는 정책(누진세, 세액공제나 감면, 근로장려금), 노령연금제도 등 사회보장정책, 임대주택의 건설, 최저생계비, 연방은행의 신용통제(빈자에 대한 대출 혜택), 실업급여, 영세민 취로사업 등이 이에 해당함
분배 정책	도로·다리·항만·공항 등 사회간접자본을 구축하는 정책, 국·공립학교를 통한 교육서비스의 제공, 주택자금의 대출, 국고보조금, 택지분양, 국립공원의 설정, 국유지 불하(매입)정책, FTA협정에 따른 농민피해 지원(재분배 정책으로 보는 견해도 있음), 중소기업을 위한 정책자금지원, 대덕 연구개발 특구 지원, 코로나 사태에 따른 자영업자 금융지원 등
규제 정책	환경오염과 관련된 규제(그린벨트 내 공장 건설을 금지하는 정책, 탄소배출권 거래, 오염물질 배출허가 기준), 독과점 규제, 공공요금 규제, 공공건물 금연, 기업활동 규제(부실기업 구조조정, 최저임금제도), 기업의 대기오염 방지시설 의무화 등
구성 정책	정부기관의 신설이나 변경, 선거구 조정, 공무원 모집, 공직자 보수 결정, 공무원연금제 개정, 군인연금에 관한 정책, 헌법상 운영규칙 수정 및 신설 등

4. 기타 정책유형

구분	정의	특징 혹은 예시
추출정책	정부체제를 유지하기 위해서 인적, 물적 자원을 동원하는 정책	**예** 조세, 부담금, 병역, 물자 수용, 노력 동원, 공무원 모집(채용) 등
상징정책	국민 전체의 자긍심을 높이거나 국민적 통합을 위해 상징물을 지정하는 정책	**예** 88올림픽·2002월드컵 개최, 문화재(남대문·광화문) 복원, 4대강 사업, 국경일(한글날) 제정, 국기 게양 등
자율규제 정책	민간집단(전문가 집단 등)에게 규제기준의 설정 권한을 주고 그 집행도 위임하는 정책. 일반적으로 규제의 주체는 당연히 정부지만 예외적으로 규제의 주체가 정부가 아니라 피규제산업 혹은 업계가 되는 경우가 있는데 이를 자율규제라 부름	☑ **직접규제 및 자율규제와 공동규제의 차이**

☑ 직접규제 및 자율규제와 공동규제의 차이

구분	정의	규제의 주체
직접 규제	정부가 직접 규제	정부
자율 규제	민간집단(전문가 집단 등)에게 규제기준의 설정 권한을 주고 그 집행도 위임하는 정책	민간
공동 규제	정부로부터 위임을 받은 민간집단과 정부에 의해 이뤄지는 규제로 자율규제와 직접규제의 중간성격을 지님	정부 + 민간

구분	정의	특징 혹은 예시
경쟁적 규제정책	다수의 경쟁자 중 특정 개인이나 집단에게 서비스 제공권을 부여하고 이들의 활동을 규제하는 정책	• 경쟁적 규제정책은 경쟁력 있는 특정인에게 정책을 집행할 수 있는 편익을 준다는 점에서 배분정책의 성격을, 경쟁력이 없는 주체를 정책집행에서 배제(혹은 서비스를 공급하는 집단을 통제)하기 때문에 규제정책의 성격을 동시에 지니고 있음 • **예** TV, 라디오 방송권의 부여, 항공노선 취항권의 부여 등
보호적 규제정책	민간활동이 허용되는 조건을 설정함으로써 소수를 규제하여 일반 대중을 보호하는 정책	• 규제정책의 대부분은 보호적 규제정책에 해당하며, 보호적 규제정책은 일반대중 혹은 약자를 보호한다는 점에서 재분배정책에 가까운 성격을 지님 • 소비자나 일반 대중을 보호하기 위해 특정 집단을 규제하므로 규제집행조직과 피규제집단 간 갈등의 가능성이 높음 • **예** 환경 오염방지를 위한 기업규제, 작업장 안전을 위한 기업규제, 국민건강보호를 위한 식품위생규제, 최저임금제, 장시간 근로제한 등

기출OX 확인

☐☐☐ **01** 재분배정책, 분배정책, 규제정책, 구성정책은 로위가 분류한 정책유형에 해당한다. 20 행정사 ( )

☐☐☐ **02** 규제정책은 주로 법률의 형태로 나타나며 다원주의적인 정치관계가 나타난다. 08 충남9 ( )

☐☐☐ **03** 선거구 조정, 정부조직이나 기구신설, 공직자 보수 등은 구성정책이다. 16 지방7 ( )

☐☐☐ **04** 재분배정책은 정책참여자 간 이해대립으로 갈등이 발생할 가능성이 높다. 13 지방7 ( )

☐☐☐ **05** 한글날의 공휴일 지정은 상징정책에 속한다. 15 교행 ( )

☐☐☐ **06** 정책 과정에서 이해당사자들 간의 협상을 통해 비교적 안정적인 연합을 형성하거나, 로그롤링 (log-rolling)이나 포크 배럴(pork barrel)과 같은 정치적 현상이 나타나는 것은 로위의 정책 유형 중 분배정책에 해당한다. 20 국가7 ( )

☐☐☐ **07** 알몬드와 파우얼(G. Almond & B. Powell)은 정책을 배분, 규제, 재분배, 구성정책으로 분류하였다. 18 행정사 ( )

☐☐☐ **08** 로위(T. Lowi)의 재분배정책은 수혜자와 비용부담자 간의 갈등이 없다는 점이 특징이다. 18 행정사 ( )

☐☐☐ **09** 로위(T. Lowi)가 주장하는 배분정책의 가장 큰 특징은 계급 대립의 성격을 지닌다는 것이다. 18 행정사 ( )

☐☐☐ **10** 리플리와 프랭클린(R. Ripley & G. Franklin)의 보호적 규제정책은 소수를 보호하기 위해 다수를 규제하는 정책이다. 18 행정사 ( )

정답 및 해설

구분	해설	정답
01	두문자 로재분규성	○
02	규제정책은 국민의 자유를 제한하는 성격이 있기 때문에 주로 법률의 형태로 나타나며 정책결정에 있어서 다원주의적인 정치관계가 나타남	○
03	구성정책은 정부 체계를 고치거나 신설하는 것과 연관된 정책임	○
04	재분배정책은 계급대립적인 성격을 지니는 까닭에 집행과정에서 참여자 간 갈등이 발생할 가능성이 큼	○
05	상징정책은 국민의 자긍심을 제고하기 위해 상징물을 지정하는 정책임	○
06	분배정책은 특정 집단이나 지역에 편익을 제공하는 정책이므로 편익을 가지려는 현상, 즉 로그롤링 및 포크배럴 현상이 발생함; 또한 분배정책은 주로 철의 삼각(협력이 잘되는 안정적인 연합)에서 산출되는 정책유형임	○
07	알몬드와 파우얼(G. Almond & B. Powell)은 정책을 분배정책, 규제정책, 추출정책, 상징정책으로 구분함	×
08	로위(T. Lowi)의 분배정책은 수혜자와 비용 부담자 간의 갈등이 없다는 점이 특징임 → 재분배정책은 계급대립적인 성향을 지니는 까닭에 부자와 빈자 간에 많은 갈등이 발생함	×
09	선지는 재분배정책에 대한 내용임	×
10	리플리와 프랭클린(R. Ripley & G. Franklin)의 보호적 규제정책은 다수를 보호하기 위해 소수를 규제하는 정책임	×

Chapter 02 정책결정

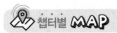

📑 용어정리
- 분석의 수준(개인 혹은 집단): 개인의 의사결정을 설명하는 모형과 집단의 의사결정을 기술하는 모델
- 의사결정자의 능력
  - 합리적: 의사결정자는 모든 정보를 보유한 완벽한 인간
  - 인지적: 의사결정자는 한정된 정보(제한된 합리성)를 지닌 불완전한 존재
- 참고
  - 규범적: 이상적인 방향 제시
  - 실증적: 실제 현실에서 나타나는 현상을 기술하는 것

1 개인적 차원의 정책결정 모형

1. 틀잡기

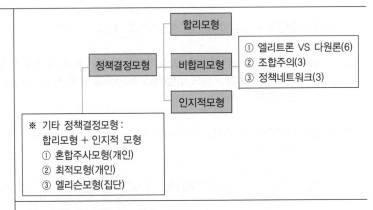

☑ 합리모형과 인지적 모형(6)

의사결정자 능력 \ 분석수준	개인	집단
합리적 〈규범적·이상적〉	① 합리모형	·
인지적 〈실증적·현실적〉	① 만족모형 ② 점증모형	① 회사모형 ② 쓰레기통모형 ③ 사이버네틱스모형

(좌측 세로: 틀잡기)

2. 개인적 차원의 정책결정모형 종류

(1) 합리모형 : 최선의 대안 선택

틀잡기	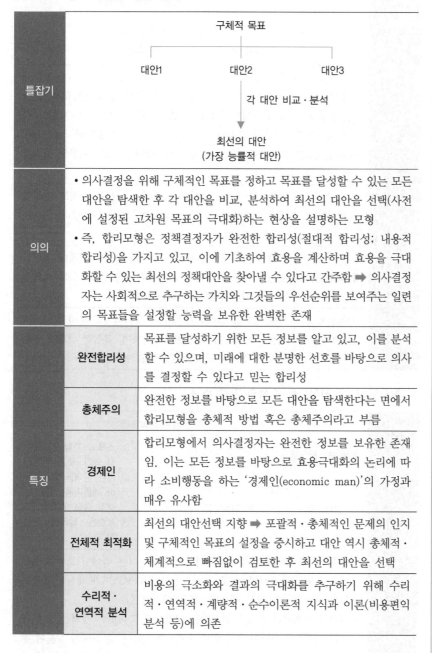
의의	• 의사결정을 위해 구체적인 목표를 정하고 목표를 달성할 수 있는 모든 대안을 탐색한 후 각 대안을 비교, 분석하여 최선의 대안을 선택(사전에 설정된 고차원 목표의 극대화)하는 현상을 설명하는 모형 • 즉, 합리모형은 정책결정자가 완전한 합리성(절대적 합리성; 내용적 합리성)을 가지고 있고, 이에 기초하여 효용을 계산하며 효용을 극대화할 수 있는 최선의 정책대안을 찾아낼 수 있다고 간주함 ➡ 의사결정자는 사회적으로 추구하는 가치와 그것들의 우선순위를 보여주는 일련의 목표들을 설정할 능력을 보유한 완벽한 존재
특징	**완전합리성** 목표를 달성하기 위한 모든 정보를 알고 있고, 이를 분석할 수 있으며, 미래에 대한 분명한 선호를 바탕으로 의사를 결정할 수 있다고 믿는 합리성
	총체주의 완전한 정보를 바탕으로 모든 대안을 탐색한다는 면에서 합리모형을 총체적 방법 혹은 총체주의라고 부름
	경제인 합리모형에서 의사결정자는 완전한 정보를 보유한 존재임. 이는 모든 정보를 바탕으로 효용극대화의 논리에 따라 소비행동을 하는 '경제인(economic man)'의 가정과 매우 유사함
	전체적 최적화 최선의 대안선택 지향 ➡ 포괄적·총체적인 문제의 인지 및 구체적인 목표의 설정을 중시하고 대안 역시 총체적·체계적으로 빠짐없이 검토한 후 최선의 대안을 선택
	수리적·연역적 분석 비용의 극소화와 결과의 극대화를 추구하기 위해 수리적·연역적·계량적·순수이론적 지식과 이론(비용편익분석 등)에 의존

(2) 만족모형 : 만족할 만한 수준의 정책결정

틀잡기	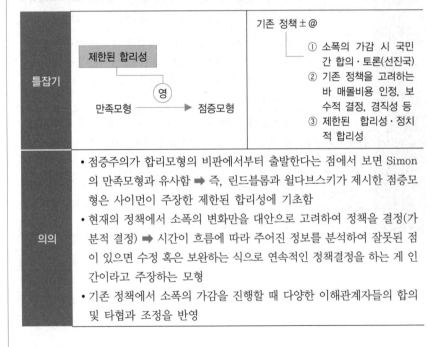	
의의	• 사이먼(H. A. Simon)은 현실적 제약 조건(완전합리성 비판)을 고려하여 '제한된 합리성(제한된 정보)'에 기초한 정책결정모형을 제시 ➡ 이는 실증적, 인지적 모형으로서 합리모형의 절대적 합리성에 대한 심각한 도전이자, 인간의 인지능력 한계라는 요소에서 출발함 • 인간은 현실적으로 만족할 수 있는 수준에서 대안을 선택 : 제한된 합리성 ➡ 절차적 합리성	
특징	행정인	만족모형에서는 인간을 제한된 합리성을 가지고 만족할 만한 수준에서 결정하는 존재인 '행정인(administrative man)'으로 가정
	폐쇄체제 관점	정책결정의 환경이나 정부의 구조 등 정책결정에 영향을 미치는 환경적 요인을 고려하지 못하고 단순하게 정책결정자의 의사결정만을 미시적으로 강조
	무작위적 · 순차적인 대안 탐색	모든 대안을 탐색하지 않고 무작위적이고 순차적으로(직렬적으로) 몇 개의 대안을 탐색하며, 복잡한 상황을 단순화시켜 대안의 중요한 결과만을 예측

(3) 점증모형 : 점진적으로 소폭의 가감 추구

틀잡기	제한된 합리성 → (영) → 만족모형 → 점증모형	기존 정책 ± @ ① 소폭의 가감 시 국민 간 합의 · 토론(선진국) ② 기존 정책을 고려하는 바 매몰비용 인정, 보수적 결정, 경직성 등 ③ 제한된 합리성 · 정치적 합리성
의의	• 점증주의가 합리모형의 비판에서부터 출발한다는 점에서 보면 Simon의 만족모형과 유사함 ➡ 즉, 린드블롬과 윌다브스키가 제시한 점증모형은 사이먼이 주장한 제한된 합리성에 기초함 • 현재의 정책에서 소폭의 변화만을 대안으로 고려하여 정책을 결정(가분적 결정) ➡ 시간이 흐름에 따라 주어진 정보를 분석하여 잘못된 점이 있으면 수정 혹은 보완하는 식으로 연속적인 정책결정을 하는 게 인간이라고 주장하는 모형 • 기존 정책에서 소폭의 가감을 진행할 때 다양한 이해관계자들의 합의 및 타협과 조정을 반영	

특징	• **부정적(소극적)인 환류** : 환류의 종류에는 긍정적인 환류와 부정적인 환류가 있는데, 전자는 급진적인 변화를, 후자는 안정과 유지를 뜻함 ➡ 점증모형은 소폭의 변화를 추구하기 때문에 부정적인 환류의 영역에서 작동 • **목표와 수단 사이의 상호조절 인정** : 정책의 목표와 수단이 뚜렷이 구분되지 않으므로 목표와 수단 사이의 관계분석은 한계가 있음

기출OX 확인

☐☐☐ **01** 합리모형에서 말하는 합리성은 정치적 합리성이다. 17 행정사 ( )

☐☐☐ **02** 만족모형은 모든 대안을 탐색한 후 만족할 만한 결과를 도출하는 것이다. 14 국가7 ( )

☐☐☐ **03** 점증주의는 대안의 탐색과 분석에 소요되는 비용을 줄일 수 있다. 13 서울9 ( )

☐☐☐ **04** 점증모형은 정치적 다원주의 입장에서 이해관계자들의 타협과 조정을 통해 정책결정이 이루어지는 현상을 설명한다. 16 행정사 ( )

☐☐☐ **05** 사이몬(Simon)은 결정자의 인지능력의 한계, 상황의 불확실성 및 시간의 제약 때문에 제한적 합리성 하에서 결정이 이루어진다고 주장한다. 17 행정사 ( )

☐☐☐ **06** 점증모형은 기존 정책을 수정 보완해 약간 개선된 상태의 정책대안을 채택한다고 본다. 21 소방간부 ( )

☐☐☐ **07** 만족모형은 미래에 발생할 현상을 예측하고 모든 대안을 검토한 후, 가장 만족스러운 대안을 채택한다. 21 소방간부 ( )

☐☐☐ **08** 점증모형은 정책을 이해관계자들 사이에 이루어지는 타협과 조정의 산물로 본다. 22 군무원9 ( )

정답 및 해설

구분	해설	정답
01	합리모형에서 말하는 합리성은 경제적 합리성 혹은 완전한 합리성임; 정치적 합리성은 점증모형의 특징에 해당함	×
02	만족모형은 무작위적·순차적으로 몇 개의 대안을 탐색 후 만족할 만한 대안을 결정함	×
03	점증모형은 제한된 합리성을 수용하는 모델임	○
04	점증모형은 다양한 사람 간 합의에 따라 결정하는 현상을 설명하고 있음 → 따라서 다원주의, 즉 민주주의 체제에 어울리는 정책결정모형임	○
05	사이몬(Simon)은 제한된 합리성, 즉 한정된 정보를 보유한 상태에서 의사결정이 이루어지는 것을 강조함	○
06	점증모형은 사람들의 견해를 반영하여 기존의 결정을 조금씩 수정하는 현상을 설명한 정책결정모형임	○
07	만족모형은 모든 대안을 탐색하지 않고 무작위적이고 순차적으로(직렬적으로) 몇 개의 대안을 탐색하며, 복잡한 상황을 단순화시켜 대안의 중요한 결과만을 예측함	×
08	점증모형은 정책이 이해관계자의 타협과 조정에 따라 가감하는 현상을 설명함	○

Chapter 03 정책집행

1 정책집행 연구의 접근법

1. 틀잡기

- 정책집행연구의 시작 : 1973년 Pressman과 Wildavsky(프레스먼과 월다브스키)의 저서 〈집행론〉
- 프레스만과 월다브스키는 존슨 행정부의 실패한 정책, 'The Oakland Project(오클랜드 실업자 구제사업)'를 분석
- 집행과정에서 실패를 유발하는 요인 발견 : 많은 참여자와 이들의 반대(공동행위의 복잡성), 주요 관리자의 빈번한 교체, 잘못된 집행기관 선정, 정책내용 자체의 문제(정책의 복잡성 및 부적절성 등)
- 프레스만과 월다브스키는 정책집행연구의 초기 학자들로서 집행을 정책결정과 분리하지 않고 연속적인 과정으로 정의함
- 즉, 정책집행 과정에서 정책실패를 초래할 수 있는 다양한 요인을 연역적으로 도출(문헌 등 참고)·통제한 뒤 명확한 정책목표와 대안을 선택할 것을 강조 → 이후 집행 공무원은 해당 정책을 그대로 집행하면 됨
- 위의 내용이 집행모형 중 하향식 관점에 대한 설명임

하향식	결정자 —구체적인 명령→ 집행자
상향식	결정자 —재량권→ 집행자

구분	하향식 : 결정자 관점	상향식 : 집행자 관점
개념	• 집행과정에서 정책실패를 초래할 수 있는 모든 요인 파악 • 명확한 목표·대안설정 • 집행 공무원의 기계적 순응	• 집행과정에서 정책실패를 초래할 수 있는 모든 요인 파악× • 개략적인 목표·대안설정 • 집행 공무원에게 재량권 부여
일선관료 재량권	×	○
학자	• 프레스먼 & 월다브스키 • 사바티어 & 매즈매니언	립스키 : 일선 관료의 딜레마
기타	• 합리모형 반영 • 거시적·연역적 접근 • 정치행정이원론 (집행 공무원 재량×)	• 점증모형 반영 • 미시적·귀납적 접근 • 정치행정일원론 (집행 공무원 재량○)

2. 하향식 모형: 사바티어와 매즈매니언의 견해를 중심으로

타당한 인과이론	정책결정의 내용은 타당한 인과이론에 기초해야 함 ➡ 정책결정의 기술적인 타당성 확보
명확한 법령에 기초한 집행	명확한 법령 ➡ 대상집단의 순응을 극대화
유능하고 헌신적인 관료	유능하고 헌신적인(능력 있고 몰입도가 높은) 관료가 정책집행을 담당
이해관계자의 지속적인 지지	정책에 대해 이해관계자로부터 지속적인 지지를 얻어야 함
안정적인 정책목표와 목표의 우선순위	정책목표와 정책목표의 우선순위는 변하지 않고 안정적이어야 함

3. 상향식 모형 : 립스키의 견해를 중심으로

일선 관료의 개념	• 집행 현장에서 국민과 직접 접촉하는 과정 중 상당한 재량권을 행사하는 하위직 관료 **예** 지구대 경찰관 등 • 일선 관료제 : 대다수 구성원이 일선 관료로 구성된 행정기관	
일선 관료의 업무환경 (불확실성↑)	재량권 보유	• 일선 관료는 복잡한 집행 현장에 있기 때문에 집행과정에서 상당한 재량권을 보유함 • 단, 모든 하위직 공무원이 재량권을 지니는 건 아님
	권위에 대한 위협 및 도전	집행 현장에서 집행대상의 관료에 대한 위협 및 도전이 있음
	불충분한 자원과 과중한 업무부담	일선 관료는 집행에 필요한 자원(시간 등)이 부족하기 때문에 과중한 업무에 시달림
	모호하고 대립되는 기대	• 일선 관료는 측정 가능한 업무와 그렇지 않은 업무를 동시에 수행함 • 즉, 일선 관료는 업무를 수행하는 기관에 대한 고객의 모호하고 대립적인 기대들이 존재하는 업무환경 때문에 가시적·비가시적 정책목표를 완벽하게 달성할 수 없는 경우가 많음
	객관적인 성과평가의 어려움	일선 관료는 측정 가능한 업무와 그렇지 않은 업무를 동시에 수행하는바 객관적인 성과평가를 받기가 어려움
일선 관료의 대응	• 집행업무의 단순화 및 정형화 : 집행 현장에 대한 정보가 부족하므로 정책 현장이나 대상을 단순화함 • 부분적·간헐적 집행 : 불확실한 업무환경으로 인해 일선 관료가 모든 업무를 완벽하게 해결할 수는 없음	

PART 02

기출OX 확인

☐☐☐ **01** 하향적 정책집행은 집행과정에서 현장을 강조하고 재량권을 부여한다. 16 교행9 ( )

☐☐☐ **02** 하향적 접근방법은 명확한 정책목표와 그 실현을 위한 정책수단을 가지고 있다는 가정을 한다. 11 지방7
( )

☐☐☐ **03** 상향식 접근은 공식적인 정책목표가 중요한 변수로 취급되므로 집행실적의 객관적 평가가 용이하다.
18 국회8 ( )

☐☐☐ **04** 상향식 접근은 정책문제를 둘러싸고 있는 행위자들의 동기, 전략, 행동, 상호작용 등에 주목하며 일선
공무원들의 전문지식과 문제해결 능력을 중시한다. 15 국회8 ( )

☐☐☐ **05** 정책집행 모형 중 상향식 접근은 정책집행과정에 대해 정확하게 이해하기 위해서 일선집행관료와 대상
집단의 행태를 고찰한다. 15 행정사 ( )

☐☐☐ **06** 하위직보다는 고위직이 주도하며 정책결정자는 정책집행에 영향을 미치는 정치적·조직적·기술적 과
정을 충분히 통제할 수 있다는 것은 정책집행의 하향식 접근(top-down approach)에 대한 설명이다.
20 지방9 ( )

☐☐☐ **07** 하향식 접근은 정책이 정책집행 현장의 상황에 맞게 적응적으로 운영되어야 한다. 21 소방간부 ( )

정답 및 해설

구분	해설	정답
01	상향식 정책집행은 집행과정에서 현장을 강조하고 재량권을 부여함	×
02	하향적 접근방법은 결정자가 집행과정에 대한 정보를 바탕으로 명확한 정책목표와 그 실현을 위한 정책수단을 가지고 있다는 가정을 함	○
03	하향식 접근은 공식적인 정책목표가 중요한 변수로 취급되므로 집행실적의 객관적 평가가 용이함	×
04	상향식 접근은 정책문제를 둘러싸고 있는 행위자들의 동기, 전략, 행동, 상호작용 등에 주목하며 재량권을 보유하고 있는 일선공무원들의 전문지식과 문제해결 능력을 중시함	○
05	정책집행 모형 중 상향식 접근은 정책집행과정을 정확하게 이해하기 위해서 집행현장에서 발생하는 현상을 고찰함	○
06	하향식 접근은 정책결정자가 정한 내용대로 일선 공무원이 기계적으로 순응하는 현상을 설명하고 있음	○
07	선지는 상향식 접근에 대한 내용임 ; 하향식 접근은 정책목표와 정책수단 간의 인과관계를 확보해야 하므로 집행현장에서 정책이 일관성있게 집행되어야 함	×

MEMO

시작!
최욱진
행정학

PART

03

조직론

Chapter 01 조직구조론

조직구조론
1 조직구조의 변수

1 조직구조의 변수

1. 틀잡기

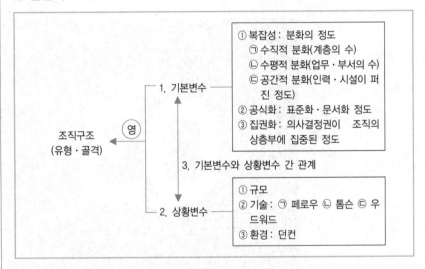

① 복잡성 : 분화의 정도
  ㉠ 수직적 분화(계층의 수)
  ㉡ 수평적 분화(업무 · 부서의 수)
  ㉢ 공간적 분화(인력 · 시설이 퍼진 정도)
② 공식화 : 표준화 · 문서화 정도
③ 집권화 : 의사결정권이 조직의 상층부에 집중된 정도

① 규모
② 기술 : ㉠ 페로우 ㉡ 톰슨 ㉢ 우드워드
③ 환경 : 던컨

조직구조
(유형 · 골격) ← 영 ← 1. 기본변수 / 3. 기본변수와 상황변수 간 관계 / 2. 상황변수

2. 기본변수 : 복잡성 · 공식화 · 집권화

(1) 집권화

개념	의사결정 권한이 조직 계층의 상층부에 집중된 정도
장점	• 집권화는 많은 의사결정권을 토대로 조직 내 통일성을 촉진할 수 있음 • 의사결정을 내리는 사람의 수가 적은 까닭에 신속한 업무의 처리로 경비를 절약할 수 있으며, (의사결정권을 가진 리더가 똑똑하다면) 위기에 빠르게 대처할 수 있음 • 집권화는 상명하복을 기초로 조직의 통합 및 조정을 수행하는바 행정 기능의 중복과 혼란을 피할 수 있고 분열을 억제할 수 있음
단점	• 획일주의로 변질되어 조직의 탄력성을 잃게 하기 쉬움 • 모든 결정권이 최고 관리자에게 집중된 까닭에, 부하의 창의성, 자주성, 자발적 혁신성을 기대하기 어렵게 만들 수 있음

(2) 복잡성

개념	조직의 분화 정도	
유형	**수평적 분화**	조직이 수행하는 업무의 세분화 ➡ '업무의 수'
	수직적 분화	조직구조의 깊이를 가리키는 용어, 계층의 최상층부터 최하층에 이르는 계층의 수를 의미 ➡ '계층의 수'
	공간적(장소적) 분화	조직의 물리적인 시설(사무실, 공장, 창고 등)과 구성원이 지역적으로 분산된 정도

(3) 공식화

개념	행동을 표준화하는 문서화·규정화 정도
장점	• 행동표준화에 따른 손쉬운 통제 가능 • 공식화의 정도가 높을수록 조직 내에 어떤 행동이 있을 수 있고, 그 결과에 대한 예측 가능성이 높아짐
단점	• **조직구성원의 자율성 축소** : 규칙을 통해 행동양식을 정형화하게 되면 조직구성원의 창의성을 저하시키고, 변화를 기피하게 만듦 • 공무원의 경우 규칙과 규정에 의존해서 업무를 수행한다는 사실 자체는 문제가 없으나, 지나친 문서주의는 자칫 번문욕례를 초래할 수 있음 • 일반적으로 공식화의 정도가 높을수록 조직은 경직성을 띠므로 조직 적응력(환경적응)은 떨어짐

참고

조직구조의 지나친 복잡성 증대가 조직의 효과성을 저해할 수도 있다는 사실에 주목해야 함 → 즉, 조직구조의 복잡성이 높아질수록(분화의 정도가 높으면) 관리자는 의사전달, 조정, 통제 등의 문제를 다루는 데 주의를 기울여야 함

PART 03

기출OX확인

□□□ **01** 조직의 구조적 특성에서 복잡성은 조직의 분화 정도를 의미하며, 단위 부서 간에 업무를 세분화하는 것을 수직적 분화라고 한다. 15 지방7 (   )

□□□ **02** 복잡성은 분화 정도를 말하며, 수평적 · 수직적 · 공간적 분화 등으로 세분화할 수 있다. 14 국가7 (   )

□□□ **03** 공식화의 수준이 높을수록 조직구성원들의 재량이 증가한다. 13 지방9 (   )

□□□ **04** 수평적 분화가 심할수록 전문성을 가진 부서 간 커뮤니케이션과 업무 협조가 용이하다. 16 국가7 (   )

□□□ **05** 복잡성은 '조직이 얼마나 나누어지고 흩어져 있는가'의 분화 정도를 말한다. 17 국가7 (   )

정답 및 해설

구분	해설	정답
01	조직의 구조적 특성에서 복잡성은 조직의 분화 정도를 의미하며, 단위 부서 간에 업무를 세분화하는 것을 수평적 분화라고 함	×
02	복잡성은 분화의 정도이며, 업무의 수(수평적 분화), 계층의 수(수직적 분화), 사람과 시설이 분산된 정도(공간적 분화) 등으로 세분할 수 있음	○
03	공식화(표준화의 정도)의 수준이 높을수록 조직구성원들의 재량은 감소함	×
04	수평적 분화가 심할수록, 즉 부서의 수나 업무의 수가 증가할수록 업무를 수행하는 사람 간의 커뮤니케이션과 업무 협조가 어려워짐	×
05	복잡성은 조직의 분화정도를 나타내며, 수평적·수직적·공간적 분화 등으로 세분화할 수 있음	○

Chapter 02 조직유형론

1 조직의 유형

1. 틀잡기

조직유형 ──────────➤ 생산성

※ 조직유형론에서 중요한 학자
① 번즈&스토커 : 기계적 구조와 유기적 구조
② 데프트 : 대기업이 매수했네유
③ 파슨스 : 파질 → AGIL 기능에 따른 조직유형

조직유형론
1 조직의 유형

2. 번즈 & 스토커 : 기계적 구조와 유기적 구조

번즈(Burns)와 스토커(Stalker)는 조직을 둘러싼 환경의 성격 및 특성이 조직구조와 어떻게 관련되는지를 설명하고 있음

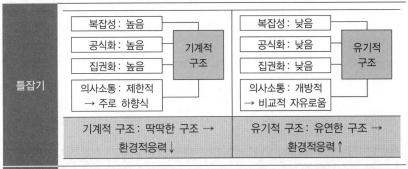

구분	기계적 구조	유기적 구조
장점	예측 가능성	적응성
특징 조직 특성	• 좁은 직무 범위(분업화된 체계) • 표준운영절차 • 분명한 책임 관계 • 계층제 ➡ 집권화 • 공식적·몰인간적 대면 관계(제한적 의사소통)	• 넓은 직무 범위 • 적은 규칙·절차 • 모호한 책임 관계 • 분화된 채널(다원화된 의사소통채널) ➡ 분권화 • 비공식적·인간적 대면 관계

참고 기계적 구조와 유기적 구조는 반대되는 개념이므로 한 가지만 잘 공부할 것

특징	상황 조건	• 명확한 조직목표와 과제 　(안정적인 환경에 적합) • 분업적 과제 • 단순한 과제 • 성과측정 용이 • 금전적 동기 부여 • 권위의 정당성 확보(집권 　적 구조)	• 모호한 조직목표와 과제 • 분업이 어려운 과제 • 복합적 과제 • 성과측정 어려움 • 복합적 동기부여 • 도전받는 권위

기출OX확인

☐☐☐ **01** 업무의 명확한 구분에서 야기되는 문제점은 기계적 구조(mechanistic structure)로 처방한다. 21 군무원7
　　(　)

☐☐☐ **02** 유기적 구조는 구조적으로 높은 수준의 복잡성, 낮은 수준의 공식화, 낮은 수준의 집권화를 특징으로
　　　한다. 22 군무원9 변형　　　　　　　　　　　　　　　　　　　　　　　　　　　　　(　)

☐☐☐ **03** 기계적 구조는 고도의 창의성과 환경적응성이 필요한 상황에서 유효한 조직이다. 22 군무원9 (　)

정답 및 해설

구분	해설	정답
01	업무의 명확한 구분에서 야기되는 문제점은 유기적 구조로 처방해야 함	×
02	유기적 구조는 기계적 구조에 비해 구조적으로 낮은 수준의 복잡성, 낮은 수준의 공식화, 낮은 수준의 집권화를 특징으로 함	×
03	유기적 구조는 고도의 창의성과 환경적응성이 필요한 상황에서 유효한 조직임	×

MEMO

시작!
최욱진
행정학

Chapter 1 공무원 임용체계

PART

04

인사행정

Chapter 01 공무원 임용체계

공무원 임용체계
1 임용의 종류

1 임용의 종류

- 임용 : 공무원을 발생·변경·소멸시키는 모든 인사행위
- 외부임용 : 행정조직 바깥에서 사람을 선발하여 쓰는 것 → 공개경쟁채용과 경력경쟁채용이 있음
- 내부임용 : 채용한 공무원의 재배치 → 수평이동(동일한 계층 내 이동)과 수직이동(계층 간 이동)이 있음

1. 틀잡기

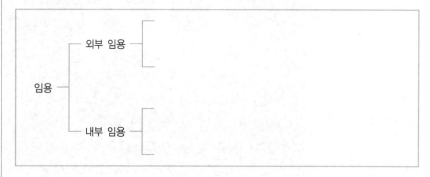

2. 외부임용 : 신규채용

(1) 외부임용의 종류

공개경쟁채용	• 불특정 다수에게 경쟁시험을 실시해서 공무원을 채용하는 제도로서 공무원 임용을 원하는 지원자에게 균등한 기회를 보장함 • 우리나라에는 5급·7급·9급 공개경쟁채용시험이 있음
경력경쟁채용	• 공개경쟁채용시험을 통해 인력을 충원하기에 부적절한 분야에 적용 • 채용 직위 혹은 직무에 적합한 우수전문인력 혹은 유경험자를 특별 채용하는 제도 ➡ 행정수요의 복잡성 및 다양성 증대가 등장 배경 • 일반적으로 시험 외 자격 제한을 두지 않는 공개경쟁채용과 다르게 자격증, 경력, 학위 등의 조건이 필요함

(2) 시보임용

개념	• 정식으로 공무원을 임용하기 전에 공직 적격성을 임용예정 부처에서 검증받는 것 • 일반적으로 시보 공무원 기간이 종료되면 임명과 초임 보직이 이루어짐 ➡ 임명은 정규공무원 신분이 부여되는 것이고 보직은 특정한 직위에 배치되는 것인데, 보직을 부여받지 못했어도 임명이 된 경우 정규공무원 신분은 주어짐
법령	국가공무원법 제29조【시보 임용】① 5급 공무원을 신규 채용하는 경우에는 1년, 6급 이하의 공무원을 신규 채용하는 경우에는 6개월간 각각 시보(試補)로 임용하고 그 기간의 근무성적·교육훈련성적과 공무원으로서의 자질을 고려하여 정규 공무원으로 임용한다. 다만, 대통령령등으로 정하는 경우에는 시보 임용을 면제하거나 그 기간을 단축할 수 있다.

3. 내부임용 : 재배치

(1) 수평이동 : 동일한 계층 내 이동

① 수평이동의 종류

배치전환	전직	개념	직렬이동 : 직렬의 경계를 넘어 다른 직렬의 동일 계급으로 이동
		관련 법령	국가공무원법 제28조의3【전직】공무원을 전직 임용하려는 때에는 전직시험을 거쳐야 한다. 다만, 대통령령등으로 정하는 전직의 경우에는 시험의 일부나 전부를 면제할 수 있다.
	전보		• 보직이동 : 동일 직렬·직급 내에서의 수평적 이동 • 전보의 오용과 남용을 방지하기 위해 전보가 제한되는 기간이나 범위를 두고 있음 ➡ 일반적으로 3년
	파견		소속을 바꾸지 않고 일시적으로 다른 기관에서 근무하는 것

(2) 수직이동 : 계층 간 이동 ➡ 승진·승급·강임

승진	계급상의 직위 상승 ➡ 종전보다 상위의 계층에서 직책을 담당하는 것
승급	같은 계급 내에서 호봉이 높아지는 것
강임	개념	승진과 반대로 현 직급보다 낮은 하위 직급에 임용되는 것으로써 결원을 보충하는 수직적 임용방식 중 하나임
	특징	강임은 별도의 심사 절차가 없으며, 강임된 공무원은 상위의 직급에 결원이 있을 때 우선 승진의 대상임

기출OX 확인

☐☐☐ 01 시보공무원은 일종의 교육훈련과정으로 교육에만 전념할 수 있도록 정규공무원과 동일하게 공무원 신분을 보장한다. 13 행정사 ( )

☐☐☐ 02 국가공무원법에 의하면 공무원의 시보기간은 3개월이다. 20 행정사 ( )

☐☐☐ 03 전보는 동일한 직급 내에서 보직을 변경하는 것을 말한다. 11 국가9 ( )

☐☐☐ 04 공무원을 수직적으로 이동시키는 내부임용의 방법으로는 전직과 전보가 있다. 15 국가9 ( )

☐☐☐ 05 전직이란 직렬을 달리하는 임명을 말한다. 18 행정사 ( )

☐☐☐ 06 임용권자는 직제 혹은 정원이 변경되거나 예산의 감소 등으로 직위가 폐직되었을 경우 또는 본인이 동의한 경우에는 소속 공무원을 강임할 수 있다. 14 국가7 ( )

☐☐☐ 07 강임은 징계처분에 의한 수직적 인사이동이다. 18 행정사 ( )

☐☐☐ 08 공무원의 인사이동 중 같은 직급 내에서 직위 등을 변경하는 전보는 수평적 인사이동에 해당하며, 전보의 오용과 남용을 방지하기 위해 전보가 제한되는 기간이나 범위를 두고 있다. 20 국가9 ( )

☐☐☐ 09 시보 공무원은 공무원법상 공무원에 해당하기 때문에 시보기간 동안에도 직위를 맡을 수 있다. 20 군무원7 ( )

☐☐☐ 10 공무원을 신규 채용하는 경우에는 일정기간 시보로 임용할 수 있으며, 시보기간 동안 정규공무원과 같은 수준으로 지위와 신분이 보장된다. 21 국회9 ( )

정답 및 해설

구분	해설	정답
01	시보공무원은 정규공무원과 동일하게 공무원 신분을 보장받지 못함 → 예를 들어, 국가공무원법에서 명시하고 있는 정년을 적용받지 못함	×
02	국가공무원법에 따르면 5급은 1년, 6급 이하는 6개월임 → 아래의 조항 참고 국가공무원법 제29조【시보 임용】① 5급 공무원을 신규 채용하는 경우에는 1년, 6급 이하의 공무원을 신규 채용하는 경우에는 6개월간 각각 시보(試補)로 임용하고 그 기간의 근무성적·교육훈련성적과 공무원으로서의 자질을 고려하여 정규 공무원으로 임용한다. 다만, 대통령령등으로 정하는 경우에는 시보 임용을 면제하거나 그 기간을 단축할 수 있다.	×
03	전보는 일의 종류를 바꾸지 않고 보직을 변경하는 것임	○
04	공무원을 수평적으로 이동시키는 내부임용의 방법으로는 전직과 전보가 있음	×
05	전직이란 일의 종류를 바꾸는 수평적 인사이동임	○
06	국가공무원법 제73조의4【강임】① 임용권자는 직제 또는 정원의 변경이나 예산의 감소 등으로 직위가 폐직되거나 하위의 직위로 변경되어 과원이 된 경우 또는 본인이 동의한 경우에는 소속 공무원을 강임할 수 있다.	○
07	강등은 징계처분에 의한 수직적 인사이동임	×
08	전보의 오용과 남용을 방지하기 위해 전보가 제한되는 기간이나 범위를 두고 있음 → 일반적으로 3년	○
09	시보 공무원은 적격성을 검증받기 위해서 시보기간에 직위를 맡을 수 있음	○
10	공무원을 신규 채용하는 경우에는 일정기간 시보로 임용할 수 있으며(5급은 1년, 6급 이하는 6개월), 시보기간 동안 정규공무원과 같은 수준으로 지위와 신분이 보장되지 않음 → 예를 들어, 국가공무원법에서 명시하고 있는 정년을 적용받지 못함	×

MEMO

시작!
최욱진
행정학

PART

05

재무행정

Chapter 01 정부의 돈관리에 대하여

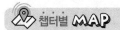
1 우리나라 예산과정

- 예산과정은 '예산편성, 심의 및 의결, 집행, 결산' 절차를 총칭하는 개념임
- 우리나라 예산과정에 대한 전체적인 틀은 아래와 같음

1. 예산과정에 대한 이해

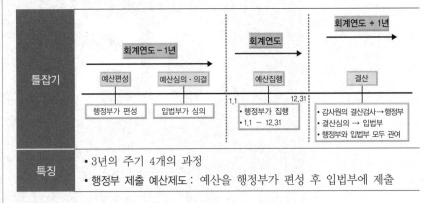

틀잡기	(회계연도 − 1년) 예산편성 → 예산심의·의결 / (회계연도) 예산집행 / (회계연도 + 1년) 결산
	행정부가 편성 / 입법부가 심의 / 1.1 ~ 12.31 · 행정부가 집행 · 1.1 ~ 12.31 / · 감사원의 결산검사→행정부 · 결산심의 → 입법부 · 행정부와 입법부 모두 관여
특징	• 3년의 주기 4개의 과정
	• 행정부 제출 예산제도 : 예산을 행정부가 편성 후 입법부에 제출

2 정부의 돈관리 체계

1. 예산과 기금에 대한 직관적 이해

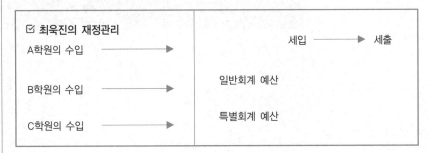

☑ 최욱진의 재정관리

A학원의 수입 ⟶

B학원의 수입 ⟶

C학원의 수입 ⟶

세입 ⟶ 세출

일반회계 예산

특별회계 예산

2. 예산과 기금

틀잡기	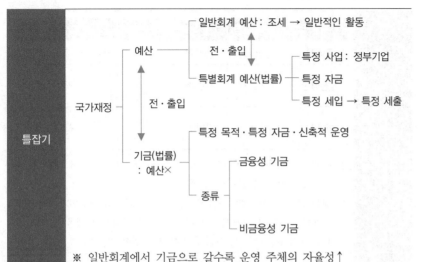
※ 일반회계에서 기금으로 갈수록 운영 주체의 자율성↑
기타	• 일반회계와 특별회계는 세입·세출에 의한 분류에 해당함 • 일반회계, 특별회계, 기금은 모두 국회의 심의·의결로 확정됨 • 특별회계 : 정부가 특별한 용도로 자금을 운영할 때 설치하는 예산으로써 운영 주체의 자율성을 어느 정도 확보하여 재정 운영의 효율성을 높일 수 있음 • 기금은 합목적성 차원에서 특별회계보다 자율성과 탄력성을 지님 ➡ 기금은 예산의 원칙을 적용받지 않는바 집행부의 재량이 상대적으로 큰 편임 • 정부기업 : 정부가 기업의 형태(정부부처 형태)로 운영하는 기관 ➡ 정부가 소유권을 가지고 운영하는 공기업으로서 정부조직에 해당함 (정부기업예산법에 근거) • 국가균형발전특별회계(국가균형발전특별법에 근거) : 예산의 일부를 특별자치도에 지원 • 국토교통부의 교통시설 특별회계(교통시설특별회계법에 근거) : 목적세의 일부를 도로건설 등에 사용함

PART 05

📖 **정부기업예산법 제3조【특별회계의 설치】** 정부기업을 운영하기 위하여 다음 각 호의 특별회계를 설치하고 그 세입으로써 그 세출에 충당한다.
1. 우편사업특별회계
2. 우체국예금특별회계
3. 양곡관리특별회계
4. 조달특별회계

3. 예산불성립시 집행장치

종류	국회의 의결	지출항목	채택국가	기간
준예산	불필요	한정적	한국, 독일	제한 없음
잠정예산	필요	전반적	영국, 미국, 일본, 캐나다	제한 없음
가예산	필요	전반적	프랑스, 한국의 제1공화국	최초 1개월

틀잡기

① 준예산 : 국회에서 예산안이 의결될 때까지 특정 경비에 대해 전 회계연도의 예산에 준하여 집행하는 제도
② 잠정예산 : 일정금액의 예산의 국고지출을 잠정적으로 허가하는 제도
③ 가예산 : 회계연도 개시 전까지 예산이 의결되지 못했을 때 의회가 미리 1개월분 예산만 의결해 정부가 집행할 수 있도록 하는 예산

준예산

• 국가 재정활동의 단절 방지를 위해 우리나라는 1960년도 이후부터 준예산제도를 채택하고 있음
• 준예산은 헌법에 명시되어 있는 제도임
• 우리나라의 중앙정부는 지금까지 준예산을 편성하지 않았으나 지방정부의 경우 성남시가 2013년, 부안군에서 2004년에 편성한 경험이 있음

헌법 제54조 ③ 새로운 회계연도가 개시될 때까지 예산안이 의결되지 못한 때에는 정부는 국회에서 예산안이 의결될 때까지 다음의 목적을 위한 경비는 전년도 예산에 준하여 집행할 수 있다.
1. 헌법이나 법률에 의하여 설치된 기관 또는 시설의 유지·운영
2. 법률상 지출의무의 이행
3. 이미 예산으로 승인된 사업의 계속

4. 성립 시기에 따른 구분

틀잡기

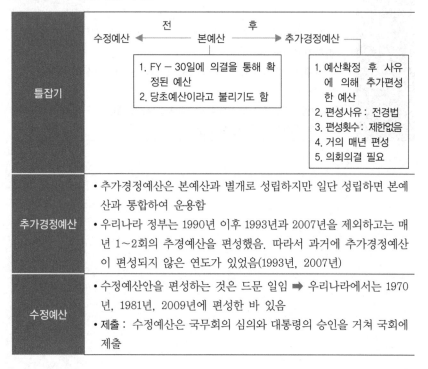

```
              전            후
수정예산 ◄———— 본예산 ————► 추가경정예산
        ┌─────────────────────┐   ┌─────────────────────┐
        │ 1. FY − 30일에 의결을  │   │ 1. 예산확정 후 사유에  │
        │    통해 확정된 예산     │   │    의해 추가편성한 예산 │
        │ 2. 당초예산이라고       │   │ 2. 편성사유 : 전경법    │
        │    불리기도 함          │   │ 3. 편성횟수 : 제한없음  │
        └─────────────────────┘   │ 4. 거의 매년 편성       │
                                   │ 5. 의회의결 필요        │
                                   └─────────────────────┘
```

추가경정예산

• 추가경정예산은 본예산과 별개로 성립하지만 일단 성립하면 본예산과 통합하여 운용함
• 우리나라 정부는 1990년 이후 1993년과 2007년을 제외하고는 매년 1~2회의 추경예산을 편성했음. 따라서 과거에 추가경정예산이 편성되지 않은 연도가 있었음(1993년, 2007년)

수정예산

• 수정예산안을 편성하는 것은 드문 일임 ➡ 우리나라에서는 1970년, 1981년, 2009년에 편성한 바 있음
• 제출 : 수정예산은 국무회의 심의와 대통령의 승인을 거쳐 국회에 제출

5. 추가경정예산

개념	국회의 의결을 통해 예산을 확정했으나, 상황변화로 인해 사업을 변경하거나 새로운 사업을 추진해야 하는 경우 국회의결을 받아 예기치 못한 상태에 대처하는 예산
국가재정법	제89조【추가경정예산안의 편성】① 정부는 다음 각 호의 어느 하나에 해당하게 되어 이미 확정된 예산에 변경을 가할 필요가 있는 경우에는 추가경정예산안을 편성할 수 있다. 1. 전쟁이나 대규모 재해(「재난 및 안전관리 기본법」 제3조에서 정의한 자연재난과 사회재난의 발생에 따른 피해를 말한다)가 발생한 경우 2. 경기침체, 대량실업, 남북관계의 변화, 경제협력과 같은 대내·외 여건에 중대한 변화가 발생하였거나 발생할 우려가 있는 경우 3. 법령에 따라 국가가 지급하여야 하는 지출이 발생하거나 증가하는 경우 ② 정부는 국회에서 추가경정예산안이 확정되기 전에 이를 미리 배정하거나 집행할 수 없다.

6. 계속비

개념	완성에 오랜 기간을 요구하는 공사나 제조 혹은 연구개발사업에서 필요한 경비의 총액과 연부액(매해 소요하는 경비)을 정하여 미리 국회의 의결을 얻어 수년도에 걸쳐 지출할 수 있는 경비
국가재정법	제23조【계속비】① 완성에 수년도를 요하는 공사나 제조 및 연구개발사업은 그 경비의 총액과 연부액(年賦額)을 정하여 미리 국회의 의결을 얻은 범위 안에서 수년도에 걸쳐서 지출할 수 있다. ② 제1항의 규정에 따라 국가가 지출할 수 있는 연한은 그 회계연도부터 5년 이내로 한다. 다만, 사업규모 및 국가재원 여건상 필요한 경우에는 예외적으로 10년 이내로 할 수 있다.

7. 기타

수입대체경비	• 수입을 발생시키는 지출 • 국가가 특별한 용역 또는 시설을 제공하여 발생하는 수입과 관련된 경비
이체	• 정부조직 등에 관한 법령의 제정·개정 또는 폐지로 인하여 중앙관서의 직무와 권한에 변동이 있을 때 예산의 책임소관을 변경하는 것 • 국회의 승인이 필요 없음
이월	• 회계연도 내에 사용하지 못한 예산을 다음 회계연도로 넘겨서 다음 연도의 예산으로 활용하는 것
예비비	• 예측할 수 없는 예산 외의 지출 또는 예산 초과 지출을 충당하기 위하여 세입세출예산에 계상한 금액 ➡ 비상금

기출OX 확인

□□□ **01** 예산을 성립시기에 따라 분류하면 일반회계, 특별회계로 나눌 수 있다. 12 국가9 　　　(　)

□□□ **02** 정부는 매년 기금운용계획을 마련하여 국무회의의 의결을 받아야 하며, 국회에 제출할 필요는 없다. 14 국가7 　　　(　)

□□□ **03** 본예산은 정기국회의 심의를 거쳐 확정된 최초의 예산으로 당초예산이라고도 한다. 13 행정사 (　)

□□□ **04** 수정예산은 예산이 국회를 통과한 이후 예산집행과정에서 다시 제출되는 예산이다. 13 행정사 (　)

□□□ **05** 추가경정예산은 예산의 신축성 확보를 위한 제도로서, 최소 1회의 추가경정예산을 편성하도록 국가재정법에 규정되어 있다. 18 국가9 　　　(　)

□□□ **06** 준예산은 우리나라에서 예산안이 회계연도 개시일까지 국회를 통과하지 못할 경우 사용하는 제도로 국회의 의결이 있어야 집행될 수 있다. 16 국회9 　　　(　)

□□□ **07** 준예산은 새로운 회계연도가 시작되는 날로부터 최초 수개월 분의 일정한 금액의 예산을 정부가 집행할 수 있게 허가하는 제도이다. 13 경찰간부 　　　(　)

□□□ **08** 우리나라는 1960년도 이후부터 준예산제도를 채택하고 있다. 17 행정사 　　　(　)

□□□ **09** '수정예산, 본예산, 추가경정예산'은 동일 회계연도 예산의 성립을 기준으로 볼 때 시기적으로 빠른 것부터 나열한 것이다. 22 국가9 　　　(　)

□□□ **10** 특별회계 예산은 합목적성 차원에서 기금보다 자율성과 탄력성이 강하다. 21 지방직9 　　　(　)

정답 및 해설

구분	해설	정답
01	예산을 성립시기에 따라 분류하면 본예산, 수정예산, 추가경정예산으로 나눌 수 있음 ※ 일반회계예산과 특별회계예산은 사용 목적에 따른 구분(세입·세출에 의한 분류)에 해당함	×
02	정부는 매년 기금운용계획을 마련하여 국무회의의 의결을 받은 후 국회에 제출하여 심의·의결을 거쳐야 함	×
03	본예산은 정기국회의 심의를 거쳐 회계연도 개시 30일 전에 확정된 최초의 예산으로 당초예산이라고도 함	○
04	예산이 국회를 통과한 이후 예산집행과정에서 다시 제출되는 예산은 추가경정예산임	×
05	추가경정예산은 예산의 신축성 확보를 위한 제도이며, 편성 횟수의 제한을 두지 않고 있음	×
06	준예산은 우리나라에서 예산안이 회계연도 개시일까지 국회를 통과하지 못할 때 사용하는 제도로 국회의 의결이 불필요함 헌법 제54조 ③ 새로운 회계연도가 개시될 때까지 예산안이 의결되지 못한 때에는 정부는 국회에서 예산안이 의결될 때까지 다음의 목적을 위한 경비는 전년도 예산에 준하여 집행할 수 있다. 1. 헌법이나 법률에 의하여 설치된 기관 또는 시설의 유지·운영 2. 법률상 지출의무의 이행 3. 이미 예산으로 승인된 사업의 계속	×
07	잠정예산은 새로운 회계연도가 시작되는 날로부터 최초 수개월 분의 일정한 금액의 예산을 정부가 집행할 수 있게 허가하는 제도임 ※ 준예산: 국회에서 예산안이 의결될 때까지 특정 경비에 대해 전 회계연도의 예산에 준하여 집행하는 제도	×
08		○
09		○
10	특별회계 예산은 국가재정법상 예산의 원칙을 적용하는 까닭에 기금보다 자율성과 탄력성이 부족함	×

MEMO

최욱진

주요 약력

고려대학교 정경대학 행정학과 졸업
고려대학교 일반대학원 행정학과 행정학 전공
현) 박문각 남부행정고시학원 행정학 강사

주요 저서

30일에 끝내는 최욱진 행정학(더에이스에듀)
최욱진 행정학 9급 단원별 기출문제집(더에이스에듀)
최욱진 행정학 7급 단원별 기출문제집(더에이스에듀)
천지문(더에이스에듀)
군기잡기(더에이스에듀)

시작!
최욱진
행정학

박문각 공무원
입문서

초판인쇄 | 2023. 5. 19. **초판발행** | 2023. 5. 25. **편저자** | 최욱진 **발행인** | 박 용
발행처 | (주)박문각출판 **등록** | 2015년 4월 29일 제2015-000104호
주소 | 06654 서울시 서초구 효령로 283 서경 B/D 4층
팩스 | (02)584-2927 **전화** | 교재 주문·내용 문의 (02)6466-7202

저자와의
협의하에
인지생략

정가 13,000원   ISBN 979-11-6987-299-7
                ISBN 979-11-6987-302-4(세트)

* 본 교재의 정오표는 박문각출판 홈페이지에서 확인하실 수 있습니다.